本书为西安外国语大学学科建设经费资助项目

U0733521

中国营销传播企业的国际化

——基于对"蓝色光标"的检视

寇紫遐　著

人民日报出版社

图书在版编目（CIP）数据

中国营销传播企业的国际化：基于对"蓝色光标"
的检视 / 寇紫遐著.—北京：人民日报出版社，
2022.8

ISBN 978-7-5115-7423-7

Ⅰ.①中… Ⅱ.①寇… Ⅲ.①电子商务—商业企业管
理—国际化—研究—中国 Ⅳ.①F724.6

中国版本图书馆 CIP 数据核字 (2022) 第 132674 号

书　　名：中国营销传播企业的国际化：基于对"蓝色光标"的检视
作　　者：寇紫遐

出 版 人：刘华新
责任编辑：孙　祺
封面设计：贝壳学术

出版发行：人民日报出版社
社　　址：北京金台西路2号
邮政编码：100733
发行热线：（010）65369527　65369846　65369509　65369510
邮购热线：（010）65369530　65363527
编辑热线：（010）65369518
网　　址：www.peopledailypress.com
经　　销：新华书店
印　　刷：天津雅泽印刷有限公司

开　　本：710mm×1000mm　1/16
字　　数：151千字
印　　张：10
版　　次：2022年8月第1版
印　　次：2022年8月第1次印刷

书　　号：ISBN 978-7-5115-7423-7
定　　价：65.00元

第一章　中国营销传播企业及其国际化 ······················· 1

第一节　中国营销传播企业的发展 ······················· 1

第二节　中国营销传播企业的国际化 ·············· 13

第二章　蓝色光标发展概览 ······························· 19

第一节　选择公关 ····························· 19

第二节　版图扩张 ····························· 23

第三节　行业地位 ····························· 38

第四节　竞争优势 ····························· 51

延伸阅读　蓝色光标国际获奖代表性案例 ················ 59

第三章 蓝色光标的国际化运作 ························· 67

第一节 国际化契机 ··························· 67

第二节 国际化路径 ··························· 75

第三节 组织架构 ···························· 83

第四章 蓝色光标的在地化进程与举措 ·················· 91

第一节 洞察：以遵循政治法律约束 ··············· 92

第二节 调适：以正视当地文化特质 ··············· 95

第三节 培育：以提升品牌认同 ················· 99

第四节 强化：共同体思维 ··················· 102

延伸阅读 蓝色光标国际化发展中的经典案例 ··········· 112

第五章 蓝色光标国际化进程之思 ··················· 119

第一节 蓝色光标的三重角色 ················· 119

第二节 问题检视与审思 ··················· 125

第六章　中国营销传播企业国际化创新发展愿景 ············ 137

　　第一节　优化"出海"路径 ···················· 138

　　第二节　强化"和而不同"思维 ················ 142

　　第三节　涵化共同体理念 ···················· 144

参考文献 ···································· 147

后　记 ····································· 151

第一章　中国营销传播企业及其国际化

第一节　中国营销传播企业的发展

营销传播的目标是传达能够对消费者认知产生影响或使其改变的信息，商业广告是很长一段时间以来主要的营销传播手段，此外还包含公共关系、直效营销、人员推广以及企业形象（Corporate Identity，简称 CI）策划、会展策划、社会营销、内容营销、病毒营销、口碑传播等。[①] 从事营销传播服务的营利性主体即为营销传播企业，各类型的广告公司、公关公司、营销策划公司、网络营销公司以及其他开展以营销为目的劝服性传播活动的企业都属于营销传播企业。

新中国营销传播企业的发展是伴随着改革开放 40 余年的高歌猛进而进行的。20 世纪 70 年代末 80 年代初期，北京广告公司、上海广告公司、广东省广告公司等屈指可数的国有营销传播企业的起步是中国营销传播企业开始运营的标志性事件。今天，中国营销传播企业无论数量、规模、体量均呈现飞跃式增长，营销传播服务能力与水平也得到质的提升，蓝色光标、省广集团、

---

① 寇紫遐. 网络社区营销传播的路径与模式研究 [M]. 武汉：武汉大学出版社，2014：20.

昌荣传播、大贺传媒、分众传媒、华扬联众、广东因赛、思美传媒、华谊嘉信、印纪传媒等营销传播企业都在专业化、规模化经营的道路上走得稳健扎实，许多企业在各个层面形成了自己的特色与成长路径。本书将以最具代表性的广告产业及公共关系产业为考察对象，以此回顾中国营销传播企业改革开放以来的发展脉络。

一、广告业的发展

广告产业是国民经济发展的重要组成部分，是一国经济发展的晴雨表。广告业的发展水平反映了一个国家或地区的市场经济发育程度、科技进步水平、综合经济实力和社会文化质量。中国当代广告产业的发展是伴随着改革开放步伐而不断推进的，经历了艰难起步和快速增长的过程。改革开放40多年来，我国广告产业取得了前所未有的进步，经营额从1981年的1.18亿元增加到2019年的8674.28亿元，继续坐稳世界第二大广告市场的位置。尤其是在"十三五"期间，广告产业虽面临市场环境变化所带来的产业转型升级要求，但整体发展态势仍然向好，经营额在国内生产总值中的占比持续稳定增长，已成为中国国民经济发展的重要推动力量。

根据中国广告产业发展在不同的阶段表现出的不同特征，可以将之分为迅速恢复期（1979—1987）、高速增长期（1988—1997）、平缓发展期（1998—2010）、再次腾飞期（2011年至今）四个阶段。[①] 本节针对这四个阶段，对不断进步的中国广告业予以回顾。

迅速恢复期——1979年对于中国广告行业来说，是新生。中共中央宣传部下发文件同意在报刊、广播等媒介刊登广告，《文汇报》刊登《为广告正名》一文，使得大众对于"广告"的偏见逐渐被打破。从事广告服务的企业、从业人员数量增多，广告内容及创意表现不断丰富，但也存在广告公司经营规模不大、从业人员专业化程度不高的不足。对于广告产业来说，此阶段的

---

① 张金海，程明．广告经营与管理［M］．北京：高等教育出版社，2013：32.

艰难起步已然是迈出了重要的一大步。

高速增长期——1988年，中国广告经营单位突破10000家，广告从业人员突破100000人，广告发展呈现快速增长态势。[①] 广告行业分工更加细致，中国广告公司初现规模化和产业化，广告专业化程度和创意水平有所提高。1995年广告法的出台，标志我国广告产业发展进入法制化时代，政策法规的完善，使得我国广告行业更加规范。在这个时期，我国政府及广告业界启动了广告代理制的试点工作。代理制将广告主、广告代理商、广告媒介的职能进行了明晰，企业有更多精力用于新产品研发和提高产品质量，广告公司在稳定佣金保障下可以更专注于优秀的创意生产，媒体在进行广告投放时负责对内容进行把关。几方各司其职，有助于规避运作中的不规范行为，可谓是中国广告业发展的一大进步。这一时期，电视机在中国家庭中逐渐普及，极大地改变了广告的媒介投放，电视一跃成为广告公司在选择媒介投放时的首要选择，央视标王价格不断被刷新即是极致表现，户外媒介的种类及投放也不断增长。较之过往，外资企业及广告公司加大了在中国市场的开掘力度，一方面冲击了本土广告公司的发展，另一方面带动了中国广告策划及创意水平的提高，时尚新潮的创意及技术表现不断出现，有利于企业品牌知名度的提升。

平缓发展期——这一时期，外国广告公司持续在华开拓疆域，兼并收购北京、上海、广州等经济发达地区及重要二线城市的广告公司。技术的进步将单向信息传播转变为双向，被动的受众转变为主动的用户，广告信息的接收渠道增加，此情形对于广告公司的专业度要求所提高，同外资公司相比，本土广告公司的专业优势仍然不凸显。鉴于广告经营额占我国国内生产总值的比重出现下降，政府出台政策以提振广告业，如2008年国家工商行政管理局发布《关于促进广告业发展的指导意见》、2009年国务院常务会议审议通过《文化产业振兴规划》，都是对广告业发展的宏观调控。

再次腾飞期——2012年发布的《广告产业发展"十二五"规划》体现了

---

① 孟令光．中国广告企业发展进程研究（1978—2016）[D]．上海：华东师范大学，2017：14．

政府对广告业的重视与扶持，这成为促使我国广告产业腾飞的重要因素。本土广告企业挂牌上市、众多创意热店不断涌现、广告服务细分程度不断加深、本土广告公司努力参与国际化……都诠释了官方及市场的不断努力，使得我国广告产业呈现迅猛发展状态。当然，我国广告经营额占国内生产总值总值仍然不高、广告公司及其从业人员质量或素质良莠不齐、数字技术催生下的传统广告服务模式被颠覆、低专业度和低效益等问题，亟待引起广告行业的正视与改进。

广告公司是中国广告产业发展的重要参与方，随着产业进步，广告公司的数量、规模、业务范围以及从业人员的数量、质量、结构整体处于持续扩展和提升的通道之中。然而，罗马不是一天建成的，今天的收获建立在过去四十余年的奋斗与积累的基础之上。自 1979 年至今，中国的专业广告公司经历了广告社、美术设计公司、专业化公司的演变过程，可分为初期发展（1979—1991）、快速发展（1992—2001）、平稳发展（2001 年至今）三个阶段，[①] 大体遵循三种形态生存：一是本土诞生的广告公司，通过不断学习借鉴先进经验，以实现自我探索、自我创新，这是中国广告业发展的主要方式；二是国际 4A 广告公司，自进入中国以来，带来了国际化作业方式，但也存在对中国国情不了解而导致的服务效果问题；三是本土公司和 4A 公司的融合，以一些合资型的广告公司为代表，他们既拥有一体化服务能力，也拥有本土适应性。[②] 下文将以时间为线索来扫描中国广告公司的风雨成长之路。

20 世纪 70 年代末始，改革开放、市场经济、对外贸易给中国的广告事业注入了生机与活力，给广告公司的经营带来诸多有益的条件。1979 年 8 月，北京广告公司成立；1980 年 2 月，湖南创办了长沙广告公司；1981 年中国广告联合总公司成立……1983 年，我国共有广告经营单位 2340 家，其中专营广告公司 181 家；到 1994 年，全国专营广告公司的数量上升为 18399

---

① 陈培爱. 中外广告史 [M]. 北京：高等教育出版社，2009：27.

② 丁俊杰. 做敏感的进化者——中国广告公司发展探讨 [J]. 广告大观综合版，2008（3）：34.

家。① 自 1978 年始的十年间，全国广告费总额的年平均增长率为 50%，1987
年的广告费是 1983 年的 5 倍多。除了传统四大媒介，大屏幕电子显示屏、
自动化转动路牌、大型气球广告等日趋多样化和现代化的媒介样式，为广告
代理业施展有效的策划和全面的服务提供了现实土壤。到 80 年代末期，专
业广告公司已从 80 年代初期的约十家发展到 800 家，同 7000 余家广告兼营
单位一起，分布于全国各大中城市及经济发达的县市。1997 年年底，广告公
司的数量更是增至 57000 家。从 1979 年到 1999 年，中国的广告营业额年平
均增长 43% 左右。②

当然，这一阶段的广告公司也面临发展问题及生存困境。突出表现为广
告公司多而不强——有近 3 万家处于低水平运作的广告公司，规模小、人员
少、作坊式经营，缺少高水平的设计及创意策划人员。与此同时，各跨国企
业集团纷纷在中国设厂或合资建厂以占领更大的中国市场。相应地，提供广
告服务的国际广告代理商为适应其甲方企业的需求，也纷纷在中国设立了分
公司或合资公司。这些跨国广告公司凭借先进管理及创意能力，对本土广告
公司产生了极大的冲击与挑战，从代理国际品牌向代理中国本土品牌渗透，
将一个个市场前景良好的国内客户从本土广告公司手中抢走。根据 1997 年
中国广告公司基本情况调查表，雄踞中国大陆广告市场前五名的均为 4A 公
司。但不可否认，跨国广告公司进入中国市场，所带来的并非完全对于市场
的抢夺，也包含对中国广告产业的推动，广告代理制、行业运作规范、广告
表现技术等对中国广告公司产生了极大影响，从宏观上激活了中国广告产业，
促进了产业的升级与全球化，推动了中国广告产业相关的政策、法规、体制
的变革。

除了跨国广告公司，中国广告公司还面临来自本土强媒体自行制作广告
并直接与客户接洽的业务挤压。"强媒介、弱公司"是中国广告业当时的发
展状况，"媒介价值高于创意和专业的价值"成为市场的游戏规则，越来越

---

① 宋若涛. 中国广告公司的生存困境与发展趋势 [J]. 中国广告，2006（8）：69.
② 宋若涛. 中国广告公司的生存困境与发展趋势 [J]. 中国广告，2006（8）：69.

多的企业在媒体投放的环节将利益转嫁或直接诉求媒体,广告公司尤其是中国本土广告公司在媒体格局变化中缺少话语权。

面对发展难题,本土广告公司不断夯实自身实力,向能够提供市场调查、综合服务的全案型广告公司发展,构成了广告设计制作型、媒体广告代理型、广告制作与媒体代理综合型以及全案型广告公司在市场中共存的格局,能够为客户提供调研、咨询、创意策划及媒介购买的广告公司不断增加。随着不断发展,中国广告公司参与国际间交流的机会也不断增加,国际广告协会中国分会、亚洲广告协会联盟委员会的建立,第三世界广告大会在北京举办,欧洲广告会议在上海举办,以及多次派团参加国际性广告会议、与国外同行进行互访等活动均产生了良好的沟通效果。

进入 21 世纪后,随着运营经验的累积与创意能力的提升,中国广告公司努力实现自我超越与突破,具体表现为中西文化元素的嫁接带来现代色彩中国风,中西传播理念的融合拓宽创意空间等。2000 年至 2003 年,广告营业额年平均增长 15%。[①]但不可否认,东南亚金融危机对 21 世纪初期的中国广告公司的发展壮大是存在消极作用的。面对市场变化,广告公司的发展进入了减速慢行的阶段,资源更为紧缩,竞争越发激烈,尤其是外资广告公司仍然处于强势领跑地位,他们依托其背后营销传播集团所持有的经济实力与资源整合优势,对中国本土广告企业的挑战日益加剧。据中国广告协会组织完成的 2001—2006 年中国广告经营单位营业额、营业收入统计数据来看,除 2004 年外,年度前 5 强均被外资公司占据;此 6 年中,外资公司营业额占排名前 10 广告公司比例最高的一年是 2003 年,为 86.02%,占全国广告公司营业额的比例为 31.27%;与此相较,多数本土广告公司更显得势力单薄,规模经济不明显,营业额比重随入榜公司数量的变化而起伏不定。[②]

2005 年起,由于世界贸易组织(World Trade Organization,简称 WTO)的规约,中国开始允许外资广告公司全资进驻,市场环境出现巨变,使我国

---

① 宋若涛. 中国广告公司的生存困境与发展趋势 [J]. 中国广告,2006(8):69.

② 陈徐彬,于远娜,叶蕾. 解读中国广告公司第一梯队 [J]. 广告大观综合版,2007(10):23.

本土广告公司的竞争与挑战剧增，行业资源整合和公司兼并愈演愈烈。市场的全面开放、中国特定的国情、竞争的激烈，都要求广告公司承担更多更新的功能，中国广告公司面临着模式与角色的重新选择。在此情形下，本土广告企业将集团化作为直面竞争的选择，尝试以此来应对外资企业在经验丰富、资本庞大方面的优势。有实力、有潜力的本土广告公司以业务的互补性或上下游合作为目标、以媒体资源的规模化为目标、以区域性整合为目标，开展集团化探索，[①] 试图以此吸纳更多人才以及资本的加入，提升专业化、拓展产业链，并以降低产业链成本来赢得市场。

跨国广告公司和本土广告公司竞争更加激烈，同时，二者间的界限也在逐渐融化，对立开始模糊。[②] 任何一种市场策略都要立足于消费者，中国广告公司的优势是对中国文化、本土市场、本土消费心理的深入知悉、了解与洞察。外资广告企业的全面进入促使本土广告公司认清自身优势与劣势，及时调整经营策略和发展方向。一方面，本土公司积极开拓融资渠道，开发分众化新媒体，整合和利用广告资源，连接和扩大公司经营业务，完善企业运营机制；另一方面，本土公司精诚于为客户解决实际问题，注重实效、精准的执行力。[③] 事实表明，二线市场的激活以及新广告领域的开发，成就了不少本土新锐资源型广告企业，产生了一些有独特理念、更加贴近客户的具有勃勃生机和影响力的本土广告公司，如江苏人贺、分众传媒等，它们探索、尝试和总结适合中国国情与发展道路的行业本土运作，更便于为客户解决从提升销售、创建品牌到提升品牌价值等一系列实际的市场问题，给中国广告业注入了新生活力。

与此相伴相生的是中国广告企业的陆续上市，以资本运作的力量实现广告企业的做大做强。2001 年，"白马户外"于香港上市，拉开我国本土广告公司借助资本运作做大做强的序幕。2005 年，"分众传媒"在美国纳斯达克

---

① 丁俊杰. 中国广告业发展现状及未来趋势 [J]. 市场观察，2004（8）：6.

② 陈刚. 跨国与本土："伪问题"的现实意义——兼谈本土广告公司的发展机会 [J]. 广告大观，2007（23）：12.

③ 王伟明. 中国广告公司的生存之路与发展前景 [J]. 中国广告，2007（6）：54.

上市，成为该资本市场的第一支中国广告股；2010 年，"昌荣传播"也登陆美国纳斯达克；2010 年，"蓝色光标"登陆我国创业板，成为我国首家上市的公共关系公司；"省广股份"也在同年上市中小板，成为在国内上市的第一个本土广告公司；蓝标和省广代表着本土营销传播服务公司的发展进入了一个新的历史阶段。2010 年，也被看作中国本土广告公司在本土的上市元年。此后，我国营销传播企业先后上市，利用资本的力量扩大企业规模，加快产业发展和完善。

总体看来，广告企业的上市可分为三类：一是以分众、华视、航美为代表的新媒体广告公司在境外上市，他们拥有自身媒体平台的同时，嫁接内容资源，拥有一定的竞争优势；二是以中视金桥、广而告之广告公司为代表的资源型广告公司在纳斯达克或香港创业板上市，他们拥有央视这一黄金媒介资源，实力雄厚；三是以广东省广告公司和昌荣传播集团为代表的综合全案代理公司在境内或境外资本市场上市，他们经过多年积累，形成稳定的经营平台和团队，客户关系也比较稳定。资本市场、公共资金市场成为广告业发展重要的影响因素，为企业进一步发展提供资金。对于中国的广告公司而言，上市的目的是为了融资，从而有能力扩张服务网络、吸引优秀人才，进一步做大做强。2017 年，营销传播企业中的分众、省广、蓝标均创百亿，标志着中国广告业又一里程碑——中国本土百亿级广告巨头诞生。

21 世纪还出现了媒介环境的迅猛变化。伴随着新技术的加持，互联网的普及带来信息的爆炸式增长，累积了海量的网络信息与网络用户，网络传播不断深化。消费者受数字技术的影响越来越大，每个人都成为信息传播的主体与受者，信息不对称问题得以缓解。移动智能新媒体的不断深入人心，使传统媒体的广告价值被极大削弱，传统广告业务运作模式被颠覆，数字广告市场不断扩张，日益提升广告投放需求和数量，不断突破着一个又一个数制高点。广告公司引入互联网思维，依托内容创意产生化学反应，以稳定自身市场与客户，各类探索性的营销传播模式应运、应时而生。

云计算的出现则提高了数据处理能力，大数据时代到来。在大数据及其技术应用之下，广告行业发生更深刻的变革。以大数据为基础的精准推送技术，能够更精准地定位和获取、洞察消费者习惯和购买欲望，实现广告的精准投放，这种精准营销远比传统广告公司更快、准、狠，广告主可以脱离其广告代理商直接找到消费者。大数据提供了精准的消费者洞察，数据搜集、分析、解读成为广告行业新的业务形态，一些新兴的技术型广告公司涌现出来并成为传统广告公司的强有力竞争对手，他们抢占了广告市场份额，广告客户大量流向拥有数据资源的平台型企业。

面对上述行业挑战，广告公司需持续不断进行积极转型，以适应信息时代广告生态环境的变化。在业内与学界逐步形成共识的转型方向之一是专注细分领域的垂直化发展，适合规模较小、实力较弱的传统广告公司；二是基于融合广告生态系统的平台化发展，适合在资本、技术和人才方面占据优势且规模较大的广告公司。[①]

中国广告业及广告公司的风雨四十年，即是中国营销传播企业四十年发展的缩影，能够充分体现出中国营销传播企业在其中的不足与差距、成长与获益，也能间接显现出我国营销传播企业在今后发展的必然方向与理性趋势。

二、公关业的发展

公关，全称为公共关系，是指一个社会组织或公众人物，在一定职业伦理规范的指引下，为谋取有关公众的理解和合作而从事的一种交流、沟通、劝说活动。[②]公共关系的主体即"社会组织"，既可以指政府部门、事业团体、非政府组织等公共服务提供者，也可以指名人明星等知名度及关注度较高的个人，还包括工厂、公司等具有独立法人地位的竞争性营利性的社会组织。本书所涉及的公共关系活动主要是与最后一类公关主体有关的公共关系产业及其发展。

---

① 马二伟,俞倩.大数据时代中国广告公司的现实困境与转型路径——基于广告从业人员的深度访谈分析 [J]. 新闻与传播评论, 2019（1）：89.

② 居延安. 公共关系学（第五版）[M]. 上海：复旦大学出版社, 2016：23.

公关的作用主要有三：一是作为一种管理职能，被用来理顺企业内外的多级关系，如媒体关系、客户与消费者关系、政府关系、社区关系、员工关系等；二是作为一种营销手段服务于产品定位与推广、品牌塑造与维护、参与竞争或缔结联盟；三是公关本身即意味着一种对话而非对抗的价值选择——由对话促进和谐与公共之善。[①]

中国的公共关系诞生于社会转型语境——以思想解放、改革开放和现代化为主题的 20 世纪 80 年代中前期。中国国际公关协会副会长郭惠民认为，应把 1984 年视为"中国公关元年"。因为，在这一年齐聚了一系列标志性事件：广州的中国大酒店、花园大酒店、白天鹅宾馆、东方宾馆等合资、涉外企业设立了公关部，北京长城饭店因在 4 月成功举办美国总统里根访华答谢晚宴而轰动一时；9 月，广州白云山制药厂组建了首家国企公关部，成为中国公共关系史上具有里程碑意义的事件，随后北京王府井百货大楼设立公关机构；10 月，全球领袖级公关公司伟达公关在北京设立办事处；12 月，《经济日报》发表长篇通讯《如虎添翼——记广州白云山制药厂的公共关系工作》，并配发社论《认真研究社会主义公共关系》。[②]1985 年，新华社与全球最大的公关公司之一博雅公关合资共建了中国本土第一家公关公司——环球公关。作为现代企业的传播管理手段，公关与经济现代化的总体进程相适应。中国企业的公共关系实践也可圈可点，如赞助了广州足球队的白云山制药厂、砸毁了质量不合格冰箱的海尔，都是 80 年代中国企业在商品经济和市场空间中的可贵企业行为。但是不得不承认，这些探索还尚不足以为成熟的现代公关产业开辟一席之地。[③]

中国公共关系在进入 90 年代后，陆续经历了行业形象污名化、专业服

---

① 胡百精. 社会转型、专业化与新世纪以来中国公共关系史纲——中国现代公共关系三十年（下）[J]. 当代传播，2013（6）：13.

② 胡百精. 新启蒙、现代化与20世纪80年代中国公共关系史纲——中国现代公共关系三十年（上）[J]. 当代传播，2013（4）：4.

③ 胡百精. 新启蒙、现代化与20世纪80年代中国公共关系史纲——中国现代公共关系三十年（上）[J]. 当代传播，2013（4）：8.

务"点子"化、谋略化的尴尬境遇。但令人欣慰的是，市场经济建设大潮所形成的澎湃发展动力仍然带来了积极的影响，学界踊跃从发达国家引进企业形象识别理论，并将之转化为本土实践，服务于乐百氏、雅戈尔、德力西、波司登等众多品牌，是公关界朝着行业自觉、市场逻辑和专业理性的一次主动冲锋；90 年代，受到中国建立市场经济体制的鼓舞，美国的爱德曼、奥美、福莱、罗德、凯旋—先驱以及英国的万博宣伟等全球顶尖公关公司陆续进入中国市场。这些跨国公关公司大多追随其国际客户来华，拓展其国际网络，进而发展中国本土客户，他们是中国公关市场最早、最主流的奠基者，也培养了一批日后中国公关业界的领军人物；同样在 90 年代，中国本土的公共关系公司陆续诞生，1991 年的"方圆公关"、1992 年的"博能顾问"、1993 年的"路村"、1996 年的"蓝色光标"以及随后出现的"迪思公关""嘉利公关""致蓝经纬""季诺公关"等，构成了中国本土公共关系行业的先行者。此后，在突飞猛进的信息科技、互联网产业的推动下，产业要素基本齐备、业务模式初步成型的公关市场得以构筑。本土公关公司与跨国公关公司形成追随、补充和并行之势，彼此互衬、彼此增益的公关市场格局日渐朗阔。[①]

进入 21 世纪，中国经济保持高速增长，中国公关产业发展像是搭载在此高速列车上，也在快速前进，与海外同行之间的行业交流、合作日益频繁；另一方面，风险社会、消费文化、全球化以及自身的业务专业化，构成了中国公关业在 21 世纪的发展主题。2003 年暴发的"非典"和随后十年间发生的自然灾害、公共卫生事件、环境危机、群体性事件、企业与行业危机、政府形象与公信力危机等，强烈呼唤专业公关时代的到来。国家电网公司、中国移动公司等多家中央直属大型国有企业设置了公共关系部或品牌中心，一些国企的党委宣传部、思想政治工作部和企业文化部也承担公关职能；跨国公关公司和本土公关公司皆拓展了风险沟通和危机公关职能，有一些公司专

---

① 胡百精. 合法性、市场化与 20 世纪 90 年代中国公共关系史纲——中国现代公共关系三十年（中）[J]. 当代传播，2013（5）：4.

门以危机公关为业。① 同时，数字技术、网络传播带来了信息的飞沫化、话语权的再分配、社会关系的重构、社会行动的下沉以及道德绑架的泛化等新情况。各类型公共关系主体面对新传播环境的反应也是不一而足，有的社会组织对新媒体敬而远之，有的因莽撞应对而缴纳了高昂"学费"，还有的以雇用"网络水军"、炒作、删帖、撤稿、传播不实信息等方式"把握话语权"、误导民意，这些新媒体环境下的做法给公关行业造成了严重的声誉和道德危机。当然，有的社会组织则选择积极主动利用新媒体，为自身的形象塑造与传播付诸合乎道德、理性与专业的努力。奥美、伟达、博雅、罗德、爱德曼、万博宣伟等国际公关公司和蓝标、灵思、嘉利、新势整合、哲基、海辰等本土公关公司皆增设了数字营销、新媒体传播业务单元。其中，蓝标自 2008 年起推进数字化转型，并认为如是转型"关乎生死存亡"。②

自公共关系作为一个事业、产业、行业、职业被引入中国，中国公关业界与学界就一直在致力于专业主义的努力。无论是来华的国际公关公司，抑或是本土诞生的公关企业，无论是政府管理层，抑或是高等教育者，都为构建一个充盈专业主义精神的行业生态而不遗余力，力求在专业技能、社会功能、行业自律、同业组织、学科教育及道德素养等方面有所规约、有所成就。尤其是，融入现代经营管理和行政管理重要思想、方法和技巧的公共关系作为学科、专业而被重视、被建设，促进了公共关系在中国的规范发展。③

中国公共关系产业或企业的国际化问题早在 20 世纪 90 年代即被提出并受到重视。1994 年，《中国经营报》刊发了题为"中国公共关系市场探索"的专版，刊登了当时国际关系学院副教授、国际公关协会副秘书长郭惠民的文章《公关市场：走向成熟》，其中谈到，中国公共关系将会进一步规范化、职业化和国际化，且中国大陆将会成为亚太公关的中心。今天再看此文，我

---

① 胡百精. 社会转型、专业化与新世纪以来中国公共关系史纲——中国现代公共关系三十年(下)[J]. 当代传播，2013（6）：12.

② 胡百精. 社会转型、专业化与新世纪以来中国公共关系史纲——中国现代公共关系三十年(下)[J]. 当代传播，2013（6）：15.

③ 明安香."中国公共关系元年"的诞生与中国改革开放 [J]. 公关世界，2020（1）：38.

们仍知觉其基于理性的预判与专业的自信所产生的吸引力与说服力。当然，如今的公关产业，在整合营销传播的理论及实践语境下，无论是企业还是行业，已然与广告、数字营销、创意传播等部类形成交融互补，呈现出集团化的整合营销传播体系。正因如此，本书以整合营销传播为依据，将上述产业、企业统规在营销传播范畴之下，对中国营销传播企业的国际化发展加以扫描和观照。

第二节　中国营销传播企业的国际化

中国营销传播企业经过多年的历练，逐渐形成了一批具有一定竞争力、成长性的企业。中国是经济全球化的受益者，当自身经济体有一定能力和实力之时，也有意愿在更为广阔的国际市场环境中去锤炼自己、拓展新市场，去深度参与国际交流与合作——这，就是中国营销传播企业发展的一个必然方向与理性趋势。

一、产业环境

从国际层面来看，经济全球化是贯彻改革开放国策的中国走出国门、融入世界的桥梁。吸引外资来华、加入世贸组织、区域化经济合作、提出共建"丝绸之路经济带"和"21世纪海上丝绸之路"倡议等，都是我国在国际经济社会环境下不断调整、顺应和积极作为的结果，目的是日益加强同相关各国在经济、文化等领域的密切联系，注重自身软实力的提升。值得一提的是，2005年12月，中国政府向WTO兑现全面开放中国广告市场的承诺。此后，合资广告企业可以由外资控股，外商可建立独资广告公司，国际广告公司加快了进入国内的步伐，加速品牌、资本市场洗牌。国际化竞争态势要求中国广告业必须做出相应改变，并将其视作自我调整腾飞的动力，通过把国际领先的运营模式、操作标准、思维结构运用于中国市场，直至形成具有国际化精神的本土营销传播企业。更重要的是，中国营销传播企业需要主动积极地进入海外市场，为中国品牌主的跨国经营、国际客户的品牌传播提供专业服务——而伴随着国内外市场变化，试水者陆续出现。

就国内而言，我国的经济发展体现了由国家主导形成的具有中国特色的市场经济，政府相关政策的出台、产业扶持是对经济发展、产业发展的重要支撑。我国早在 20 世纪 90 年代颁布中国国本土广告企业走向国际市场的规划。1993 年，国家工商行政管理局与国家计划委员会发布《关于加快广告业发展的规划纲要》①，其中提到，至 2000 年，我国要有一批实力雄厚、技术水平达到标准的综合性广告公司，参与国际广告市场竞争。国家市场监督管理总局探索建立中国企业商标海外维权信息收集平台，指导企业建立商标海外侵权预警和应对制度，健全海外维权工作机制，为中国品牌"走出去"保驾护航。②工商总局发布的《广告产业"十三五"规划》中，大力支持品牌的国际化发展，表明政府积极鼓励、指导、支持中国企业和中国品牌"走出去"，在国际竞争中抢占先机；加大我国本土品牌海外的宣传支持力度，加快培育以我国本土品牌为核心的国际竞争新优势。2015 年，国务院印发《中国制造 2025》再次提出，国家支持发展一批本土的企业国际化，以提升中国企业的跨国经营能力和国际竞争力；积极开展我国本土品牌同国际产业的交流与合作，加强与世界知识产权组织和其他成员国的合作，增强我国在国际品牌之中的话语权和影响力。专门性法律法规的进一步完善也是保障产业健康发展的一支重要力量。2015 年，新《广告法》修订颁布，在很多方面改善了 1994 年版《广告法》的不足，促使我国营销传播行业得到进一步优化，也有助于规范行业主体，增强我国营销传播企业的综合实力与国际竞争力。

近年，世界经济越发显现不容忽视的问题，尤其是 2008 年国际金融危机之后，全球主要经济体出现发展动力不足、增速低迷的情形。与之相较，我国进入经济社会发展新常态的同时，增速依旧稳定保持在合理区间，快速发展与产能增加带来的是国内市场趋向饱和的现实。在此节点，中国企业积

---

① 张金海，程明. 广告经营与管理 [M]. 北京：高等教育出版社，2013：117.

② http://sbj.saic.gov.cn/gzdt/201707/t20170719_267722.html.

极"出海"参与全球竞争，更利于赢得广泛的国际市场，客观上也能够推动我国经济参与国际经济"大循环"。华为、小米、中车、中国重工等越来越多的中国企业将视角与触角延伸到海外市场并不断突破自己。如何使知名度偏低、信任度偏低的中国品牌在国际市场具有竞争力？如何讲好中国品牌的故事，塑造好中国品牌的形象？营销传播是必备工具之一。而中国本土的营销传播代理商是了解和熟悉中国出海企业的最佳合作者，能够为中国出海企业在海外市场提供相应的专业服务，帮助他们在国际市场获得良好发展空间。

新媒介技术的出现，互联网传播的普及，使得传播关系、传播方式发生改变。拥有网络用户注意力、全面数据信息的技术型、平台型互联网公司，渐进改变了过往受众接收信息的方式，在进行营销信息投放时也基本可以实现跨区域、跨国界，他们还可以通过算法完整刻画用户画像，继而将信息精准投放至全球范围内的目标消费者。产业链上游的广告主在进行营销传播信息投放时，往往首选此类高到达率、低成本率的平台型互联网企业；还有一些实力不俗的广告主创建自己的 In House 团队，而弱化淡化与代理商的合作。有数据显示，2015 年有 27% 的公司宣告在数字营销领域不再与第三方公司合作，这个数字是 2014 年的两倍。进而，数字经济也在全球范围内迅速发展。数字经济被看作一个经济系统，在这个系统中，人工智能、互联网、大数据、云计算、区块链等数字技术被广泛使用，与包括制造业、服务业在内的产业发展深度融合互动，带来了整个经济环境和经济活动的重大变化，数字经济占国内生产总值比重持续增加，跨行业、跨国界的经济活动愈发丰富，拥有国际化、全球性的视野和资源成为营销传播企业的必备条件。

我国高等教育对于营销传播企业的人才输送发挥了积极作用，广告、公共关系、品牌传播、市场营销等相关专业的建立与建设，使越来越多掌握专业知识和技能、拥有良好外语水平与沟通能力的毕业生不断充实行业发展，不断满足市场对于专业人才的需求。营销传播企业也积极同相关高校展开多元合作，搭建产学研平台，使得从业人员的专业化程度不断提高。学界人士更是从学理层面对行业给予理性研判，十分关注与期待中国营销传播企业能够不断壮大，在世界市场落脚、发声。如陈刚教授所说：广告公司一定要有自主品牌创新意识，要有全球资源整合能力。从全球来看，在广告市场竞争的主体无疑是大型的广告传播集团。我们都希望将来中国本土的世界级的广告公司在全球广告市场中能够有一席之地。[①] 正如前文述及，公共关系学界的郭惠民教授对中国公关业也曾有过类似的预期与表达。

二、国际化探索

当客观的外部条件将一些逐渐具备发展实力的企业推向"浪尖"之后，是否选择国际化，这一决策则取决于企业自身。在众多营销传播企业的竞争中，出海实施战略的品牌主是会选择国外广告公司？或是本土广告公司？在各有优势的情况下，如果中国营销传播企业也已经走向国际市场，在全球主要区域形成了自身的布局，那么，由于本土公司便于沟通和对接，其竞争优势就十分明显，能够更好地发挥为中国出海品牌"保驾护航"的作用，中国品牌主在选择营销传播代理商时，往往成为中国品牌主的首选乙方。

与中国很多企业相比，中国营销传播业的国际化速度是滞后的。面对行业环境中所出现的机遇、挑战甚或冲击、威胁，我国本土的营销传播企业需要结合自身实际，本着做大与做强并重并行原则，确定适合自身的发展战略及道路。终于，其中一些有运营能力、有长远规划的营销传播企业做出了国际化布局，迈出了国际化步伐。

2001 年 12 月，白马广告在中国香港挂牌上市；2002 年 1 月，媒体世纪、媒体伯乐在中国香港挂牌上市，这几家企业主要是中国本土经营户外广告的公司。[②]2003 年年初，山东宏智广告（资本重组后名为"泛亚国际传媒集团"）在美国成功借壳上市，它是第一家在美上市的中国广告及媒介代理公司。2005 年 10 月，威汉整合传播集团宣告成立，是一家立足于中国市场的国际

---

① 陈刚. 跨国与本土："伪问题"的现实意义——兼谈本土广告公司的发展机会 [J]. 广告大观，2007（23）：12.

② 张金元. 宏智广告：筑巢国际资本市场 [J]. 广告大观，2003（4）：89.

性广告传播和营销服务机构，聚合了国内外营销传播的实力和资源，目标直指国际化的运营。上述这些企业的上市、成立，意味着中国本土营销传播企业开始寻求国际市场资本整合和国际化经营的道路。

行业内颇具盛名的广东省广也是迈向国际市场的中国营销传播企业。创立于 1979 年的广东省广，是当代中国最早成立的广告公司之一，是中国广告业发展的见证者，也是目前中国本土实力最强的营销传播集团之一。广东省广在 2010 年 5 月成功上市，其借助资本的力量，加快了产业链的延伸，为进一步的数字化和国际化发展夯实根基。广东省广于 2007 年确立国际化发展战略，2015 年开始加快国际化进程，希望能够成为技术创新和跨界整合的国际化营销集团；2017 年 4 月与哈瓦斯（HAVAS）集团合资成立"省广翰威"，进一步拓展海外传播平台，在推动广汽传祺、海天、蓝月亮、美的、水井坊等中国本土品牌"走出去"方面取得了一定成绩。

"走出去"的中国营销传播企业处于初始状态，必然面临着众多发展路径的拓展与严峻的市场挑战。如何在国际市场中争夺一席之地，仍需要此类企业开展任重道远的努力开拓。在此方面，北京蓝色光标数据科技股份有限公司业已做出务实探索并在国际市场上取得了一定的行业影响力。可以说，蓝色光标已然为中国营销传播企业的国际化发展进行了有价值、有效益的尝试。

1996 年成立、2010 年在深交所上市的蓝色光标集团，是中国本土最具代表性与成长性的营销传播服务机构，以"专业立身，卓越执行"为经营服务理念。2013 年，蓝色光标成立旗下全资子公司蓝标国际，负责集团国际化战略、海外投资并购以及为中国出海品牌主、国外客户提供跨境业务、营销和品牌管理服务。2018 年，在初步完成数字化转型后，蓝标的国际化进程进一步加快，对海外市场精心布局，境外业务占比逐年增大并几乎占据集团全部营业额的半壁江山；蓝标的国际影响力也越来越瞩目，在国际上最具规模和吸引力的赛事、评选中，屡获金奖及全球前十的好成绩。

蓝标为什么能够在众多中国营销传播企业中脱颖而出，顺利国际化？蓝标的国际化发展路径对于中国众多营销传播企业而言，是否具有可参照性和可复制性？中国其他营销传播企业是否也该走向国际市场？如何"出海"？

本书试图通过对蓝色光标集团的国际化进程进行检视分析与回应上述问题，以期能够形成基于理性观照基础的客观判断。

第二章　蓝色光标发展概览

第一节　选择公关

一、现实土壤

20 世纪 80 年代，伴随着改革开放，滥觞于美国的现代公共关系实践与理论进入中国大陆，经历了"观念引渡和最初的实践"[①]。北京长城饭店、广州白云山制药厂等企业纷纷设立公关部，探索通过公共关系活动塑造与传播企业良好形象。80 年代中后期，作为新兴行业的公共关系在中国发展得如火如荼，加之 1989 年在广州开播、随之风靡大江南北的电视剧《公关小姐》的叙事渲染，国内掀起了一股"公关热潮"，许多企业及其他社会组织建立了自己的公共关系部门。

赵文权就是这股"公关热潮"中的从业者之一。赵文权，浙江舟山人，1991 年毕业于北京大学政治学及行政管理系。但是这位北大毕业生起初的职业道路并不如人意，赵文权的第一份工作是在王府井百货鞋帽组做售货员。

---

① 胡百精. 中国公共关系史 [M]. 中国传媒大学出版社，2014：52.

从商场的基层员工奋斗进入管理层，曾经是赵文权给自己设定的职业规划，为此，他十分认真与务实。不过，这一规划很快就退出了赵文权的人生舞台。1992 年年初，孙陶然——赵文权的大学同学同时也是好友，认为售货员不应成为一个北大毕业生长久从事的职业，更不能作为事业，建议赵文权辞职。辞职后的赵文权进入孙陶然就职的北京四达集团公关及广告部工作，两人从同学成为同事①。四达集团是主营基于模拟技术、数字网络技术和数字电视技术的系统集成供应商，客户多为 IT 企业。在四达工作期间，赵文权参与策划和组织了包括首届中国大学生实用科技发明大奖赛（与团中央和全国学联合作）、"国际科学与和平周"中国地区大型活动、首次北极探险等在内的多项大型活动，积累了公共关系从业经验。因之工作交往，赵文权结识了联想公司总裁办主任许志平、长城电脑市场部总经理陈良华以及联邦软件总裁吴铁，大家颇感志同道合，逐渐成为朋友。正是在四达的工作经历，使公共关系、科技、信息、营销越发地在赵文权身上体现出了统一性。1994—1996 年，赵文权接受北大校友贺文的委托，担任新成立的本土公关公司"路村咨询"的总经理，谈客户、出点子、发软文、做项目，将路村咨询经营得风生水起，并进一步打下了公关管理者的基础。但当时的中国，公共关系发展并不一帆风顺，学界、业界、公关组织之间显露出在思想及行动上的差异化与多样化，缺少持续发展机制的组织、企业陆续中途退场，另寻出路②，路村咨询便是其中一员。路村咨询的关张意味着赵文权失业，他需要重新规划职业道路，此时，已然对公关意有所属且怀有信心的他，选择了创业，成立一家公关公司。

赵文权认为专业公关时代正伴随着 IT 业的崛起而到来，于是携手孙陶然、吴铁、许志平、陈良华创办了蓝色光标公关公司。③蓝色光标，是一个充满想象力、令人振奋的名字。至于为什么叫蓝色光标，并没有特别的故事和深意，

---

① 黄剑. 蓝色光标的合伙人故事 [J]. 南方人物周刊，2013.8.7.

② 胡百精. 中国公共关系史 [M]. 中国传媒大学出版社，2014：192.

③ 胡百精. 新启蒙、现代化与 20 世纪 80 年代中国公共关系史纲——中国现代公共关系三十年（上）[J]. 当代传播，2013（5）：8.

主要因为当时正是 IT 业初期大发展阶段，公司的目标意向客户多为高科技企业，而蓝色象征着科技，光标给人动感与力量的联想，因而将公司命名为"蓝色光标"。

由于其余 4 位合伙人均有自己正在进展着的主业，于是大家一致同意由具有公关从业经验的赵文权担任公司总经理，直接负责公司的经营管理，由财务专业出身的吴铁担任董事长。成立之初，蓝色光标服务的客户主要是国内外高科技企业，如我们耳熟能详的中国第一批 IT 企业代表联想、方正、长城、实达等，以及国际知名 IT 企业 IBM、Intel、Cisco、HP、Compaq、APC 等，为他们提供公共关系以及市场推广服务。1996—2002 年，蓝色光标专注于这些 IT 界客户，持续为其提供专业化服务。

二、发展脉络

蓝色光标成立初期的主营业务是企业公共关系。2002 年以后，蓝标的客户群开始从 IT 界扩大至其他领域。2005 年，蓝标在 24 个省会城市设立了分支机构，并在中国香港、中国台湾、新加坡、北美、欧洲布局了业务网络。2018 年 4 月 10 日，北京蓝色光标品牌管理顾问股份有限公司更名为北京蓝色光标数据科技股份有限公司。

随着公司的持续发展和市场需求的不断变化，蓝标的服务领域及能力需要进一步提升和扩展。基于创始合伙人的"一票否决"和"多数服从少数"原则，经过董事会多次协商，最终形成共识性决策和发展目标，即争取上市，通过资本运作手段不断壮大公司，使蓝标成为提供包括公关、广告、媒介购买等在内的整合营销传播集团。2010 年 2 月 26 日，蓝色光标正式在深圳证券交易所创业板上市，五个创始合伙人共同签订了《一致行动人协议》，成为联席股东（2016 年 3 月 15 日，几位合伙人共同签署《一致行动解除协议》，公司实际控制人变更为赵文权）。

自公司登陆创业板以来，蓝色光标把握市场趋势，秉持"内生式增长"和"外延式发展"并重的发展战略，一方面主动迎接挑战，走出自己的舒适圈，拓展经营领域,从 IT 业拓宽至消费品、医疗、金融、汽车、电信、房地产、技术产品、电子商务、创意设计等领域,实现企业的"内生式增长";另一方面借助资本的力量,通过投资并购其他企业,积极拓展业务板块,由最初的广告、公共关系和活动管理业务拓展到数字全案传播领先业务,移动广告、电子商务、大数据新兴业务、品牌全球化国际业务等更多的业务板块,实现快速扩张的"外延式发展"。

与 WPP、IPG 等国际知名广告公关传播集团的投资并购发展路径不同,蓝色光标传播集团在"外延式发展"方面有自己独特的投资并购策略。集团首席运营官熊剑和蓝标国际 CEO 兼总裁郑泓都曾在采访中提到,蓝色光标在投资并购其他企业时有三项严格的评估维度——行业范围、资本、技术。集团在拓宽经营领域和业务范围的基础上,十分关注并购企业自身资源的独立性和数字化营销力,尤其注重并购那些拥有客户、拥有服务能力的公司。在投资并购后坚持"并购不整合"的方式,即不整合这些企业的业务经营,让其继续在自己擅长的领域中专业化运营,只对投资并购企业的专业强项进行提炼、扩散,完成优势资源和数据的集团共享。

"内生式增长"与"外延式发展"相辅相成、协同发展,通过投资并购及一系列创新策略整合优势资源,完善产业链条,做强做大集团的经营领域和经营规模,反过来经营领域的多元化也丰富了集团的业务板块,使蓝色光标得到更多客户的认同和信任,是集团快速成长的战略指导。基于此,蓝色光标连续多年保持高速发展,公司规模不断扩大,服务内容涵盖整个营销传播产业链,服务地域覆盖全球主要市场。蓝色光标营业额呈直线增长,2016 年营业收入为 123.19 亿人民币,2017 年公司营业收入超过 152 亿人民币,2018 年营业收入为 231 亿人民币,2019 年营业收入为 281 亿元人民币,2020 年升至 405 亿元人民币。多年来,蓝标持续服务于约 3000 个国内外品牌客户,客户类型丰富,其中包括财富 500 强企业 100 多个,涵盖信息技术、汽车、消费品、房地产、互联网、金融、游戏七大行业的知名品牌。

当下,蓝色光标集团开始向智能化、技术驱动方面发展,通过并购等方式吸纳拥有技术资源的优秀互联网公司加入。除了继续推进数字化、国际化战略以外，蓝色光标的发展战略是营销智能化和业务全球化，致力于成为具备全球领先地位的智能营销领导者，实现在大数据和社交网络时代为企业经营全面赋能的构想，为客户提供大数据分析优化平台，实现多场景、开放式、高互动的复合型智能整合营销传播服务。

走向国际市场的蓝色光标为了增强自身在海外市场、东道国市场的竞争力，更有效和顺畅地了解当地的历史文化、政策法规，合理有效地规避市场风险，将外延式发展作为企业国际化早期阶段的主要增长方式，对产业链之中的部类机构进行兼并或收购来整合当地的行业资源，以提升自身在海外的整体适应性。伴随着数字营销大行其道，蓝标得以以更加多元的平台、渠道进一步向海外消费者渗透中国品牌，Google Play、Facebook、Twitter 等搜索引擎广告或社交媒体传播等线上海外投放和触达是蓝标运用的重要平台。

第二节　版图扩张

一、前站：内生增长与融资上市

企业实现价值增长的途径主要有三种，即内生增长、融资上市以及并购重组，三者相辅相成、互相促进，共同提升企业价值，蓝标也不例外。

早期的蓝标主要通过内生式增长途径形成了公司的主体运营格局，但内生增长的速度较为缓慢，在现代的市场环境中，往往与其他途径结合打组合拳来推进企业壮大。在多年的业务运营过程里，蓝标越来越清晰地意识到，在营销传播领域，公关公司发展到一定规模后的增长空间有限，而广告营业收入往往远超公关领域的收入。此外，营销传播行业有一个规矩，即一家乙方公司不能同时给竞争性的多个客户提供服务，但通过旗下的另一家公司提供服务，则不受限制，通过并购就能快速横向扩展业务，分流兼容客户。再者，由于媒介环境的变化，数字技术越来越多地影响着营销传播活动，需要扩大业务范围以保有竞争优势。最后，将自身做大做强才能与有着庞大资源背景的国际公司在人才、资讯、服务、专业及经验累积等方面进行竞争合作。多年位居全球营销传播集团头把交椅的 WPP 集团就是通过并购重组，从一家与营销传播毫无关联的企业发展成为行业巨头的，WPP 的扩张模式成为蓝标积极实施并购的原因之一。蓝色光标确定了围绕公关产业链条、凭借既有的核心竞争力插入高关联度的广告及数字营销行业的愿景，通过并购广告公司、媒体技术公司不断拓宽垂直细分领域范围，深挖客户需求，扩大客户规模，实现快速进入成熟市场，促使蓝标的企业结构、企业绩效产生根本性改善，从而提高公司的营业收入能力。

2010 年，蓝标以国内公关第一股的身份在深交所成功上市。蓝标的上市体现了中国经济社会发展对于公关行业的需求和承认，开启了自身及行业发展的新时代。上市后，蓝色光标稳中求进的实施收购动作，通过一系列资本运作，扩大自身的业务休系与规模，加大了实现弯道超车的步伐。蓝标卜市后的并购行为驱动力首先源于创业板企业面临的资本市场环境。对于资本市场而言，蓝色光标股票属于营销传播行业，投资风险相对较低，资本市场对其的业绩增长大都持乐观态度，因而蓝标在持续并购的道路中话语权不断增强，市值在短期内快速上升。而对蓝色光标而言，创业板在资本市场上具有相当重要的位置，进入创业板能够使企业参照全球市场的运行规则，对企业内部和外部进行战略调整，提高企业本身在人才、资本、技术等方面的适应能力，改变过去依靠行政或政策辅助手段"走出去"的状况；创业板块企业中，高风险往往与高成长状态并存，需要稳定维持在高值水平的资产收益率作支撑。因而并购重组，成为蓝标内部结构优化与外部扩张壮大的最佳战略。

二、担纲：并购重组

诺贝尔经济学奖获得者斯蒂格利兹曾说：没有一个美国大公司不是通过某种程度、某种方式的兼并而成长起来的，几乎没有一家大公司主要是靠内部扩张成长起来的。并购成为企业获取资源和获得长足的重要机制。[①] 蓝色光标也遵循这一发展规律，在自身具备了初步实力后，便力图通过并购等方式实现高效成长。

2008年4月25日，蓝色光标与北京博思瀚扬企业策划有限公司的六名股东分别签订《股权转让协议》，受让股东所持股权，共计受让博思瀚杨51%股权；2010年4月7日，蓝标董事会决议通过，以375万元收购博思瀚扬17%的股权；2011年3月16日，蓝标以480万元的价格收购原股东持有的博思瀚扬16%的股权，持股比例上升至84%；2012年3月30日，蓝标再次出资583万元，购买博思瀚杨剩余的16%的股权；至此，蓝色光标集团先后支付共计3238万元，完成了对博思瀚扬的全资收购。

2011年3月16日，为了快速切入微博营销服务市场，蓝标以250万元收购了北京华艺百创传媒科技有限公司24.5%的股份。

控股北京美广互动广告有限公司。2011年7月，蓝色光标以2550万元收购美广互动51%的股权，成为控股公司。美广互动成立于2007年6月，是一家提供数字营销解决方案的国际化数字广告代理公司，服务项目涵盖网站建设、网络维护、网络营销活动、媒介策划及媒介采购、网络公关等，客户群包括汽车、快速消费品等行业，拥有多家世界500强的优质客户资源。

控股精准阳光传媒公司。2011年10月，蓝色光标以1.74亿元将国内户外灯箱广告服务领域中的知名企业精准阳光过半股权收入囊中。精准阳光传媒（北京）有限公司成立于2007年4月，是一家从事城市高端社区品牌传播的广告传媒企业，该公司旗下拥有"精传媒"社区高品质户外灯箱广告位、《生活速递》DM杂志、《户外装备》杂志以及《住在上海》CM消费地图等高端、精准的媒体广告产品，媒体网络主要分布于一线及准一线城市。精准阳光在高端社区户外广告市场拥有领先地位，公司旗下户外灯箱广告在高端社区的市场占有率超过90%，直邮杂志等平面媒体读者总量超20万人。蓝色光标通过向自身子公司上海蓝色光标公关服务有限公司增资，助力上海蓝

---

① 王辉耀，苗绿．大潮澎湃：中国企业"出海"40年［M］．中国社会科学出版社，2018：185．

标以 1.74 亿元收购精准阳光及其原股东所持股权，最终持有精准阳光 51% 的股权。

2012 年 1 月 18 日，蓝色光标以 800 万元获得上海智臻网络科技股份有限公司 20% 的股权，智臻网络在中文智能分析及信息整合服务领域拥有核心专利技术。通过参股智臻网络，蓝标强化了自身在互联网传播领域的技术优势，拓展了电信、金融领域的客户资源。

全资收购北京今久广告传播有限责任公司。今久广告成立于 1995 年 8 月，是本土领先的综合类广告公司，更是北京第一代、国内较早专注于地产广告的代理公司，向客户提供媒介代理购买服务、广告全案代理服务和公共关系服务，其服务赢得了绿地集团、华润置地、中粮地产、万科集团等国内知名地产开发商的认可与合作，累积参与项目 800 余个，凭借其采购规模多次获得北京青年报、新京报等媒体的核心合作伙伴荣誉。2012 年 1 月，蓝色光标豪掷 4.3 亿元，以现金支付和定向增发两种方式获得今久广告的 100% 股权。

全资收购北京思恩客广告有限公司。思恩客成立于 2010 年 8 月，是一家为客户提供以互联网广告服务为基础的专业整合营销服务传播机构，公司旨在成为网络游戏营销服务行业领军品牌以及规模第一的互联网广告公司，具有较强的发展潜力。蓝色光标全资控股思恩客共分三个阶段完成。第一阶段以 2011 年 3 月 16 日为标志性节点，蓝色光标以 2400 万元超募资金收购思恩客原股东股权，辅之以增资扩股的方式投资思恩客，获得思恩客 10% 的股权；第二阶段以 2011 年 4 月 25 日为标志性节点，蓝色光标以 9840 万元超募资金，通过全资子公司上海蓝色光标公关服务有限公司收购思恩客原股东 41% 的股权；第三阶段以 2012 年 3 月 30 日为标志性节点，蓝色光标以 1.9 亿元，通过全资子公司上海蓝色光标品牌顾问有限公司收购思恩客原股东 49% 的股权，此次收购完成后，思恩客成为蓝色光标全资子公司。

收购擅长会展运营管理与执行的上海励唐。2011 年 3 月 16 日，蓝色光标出资 460 万元，成立上海励唐会展策划服务有限公司，持股比例为 20%；2012 年 2 月 29 日，蓝标以 1391.03 万元获得励唐 69.49% 的股权；2013 年 4

月 10 日，蓝标以 241.73 万元获得励唐 10.51% 的股权。至此，蓝标共计支付 2092.76 万元人民币，完成了对上海励唐的全资收购。

大手笔控股西藏博杰。西藏博杰，全称为西藏山南东方博杰广告有限公司，成立于 2011 年 12 月。博杰广告的主要业务是承包代理电视媒体广告，开发运营影院数码海报媒体，进行媒介策划和市场研究。博杰广告以全国 76 个城市的 571 个影院的 4931 块数码海报屏为自有媒体进行广告投放，此些数码海报屏在重点城市中心区的优质影院覆盖率高达 85%，使得博杰广告在为客户提供影院数码海报广告服务方面处于绝对的优势地位。蓝色光标收购博杰广告的行动分两个阶段完成：第一阶段以 2013 年 1 月 30 日为标志性节点，蓝标以 1.78 亿元完成了对博杰广告的增资，获得博杰广告 11% 的股份；第二阶段以 2013 年 4 月 18 日为标志性节点，蓝标通过发行股票和现金支付两种方式，以 16.02 亿元购得博杰广告 89% 的股权。蓝标先后共计以 17.802 亿元完成了对西藏博杰的全资拥有，此举震动业界的同时，更是使得蓝色光标以骄人的规模成功跻身于中国本土广告公司的行列之中。不仅如此，蓝色光标在收购博杰广告之后，公司的广告业务营业收入第一次超过传统公关业务营业收入，从上市之初单一的公关公司彻底转型为一个以广告业务为主的公司[①]，营销传播集团的雏形开始显现。

同期收购中国移动广告行业的 线公司多盟及亿动。2015 年 6 月，蓝色光标控股子公司蓝色光标（上海）成立蓝瀚科技，是为收购亿动开曼、多盟开曼以及多盟智胜股权而专门设立的持股公司。之所以如此运作，在于多盟与亿动拥有移动互联网数据及技术方面的积淀与能力，这正是蓝标所需要的。多盟 2010 年 9 月成立于北京，专注于为智能手机 App 提供嵌入式广告服务，多盟的数百名员工中有三分之一为技术人员，拥有自主研发的 Ad network 和移动 DSP 平台"多盟·必得"，在中国率先推出插屏、开屏、信息流、游戏内视频等广告形式，与 16 万家媒体合作，独家代理 PM2.5 等优质 App 的广

---

① 蓝标高级副总裁兼董事长秘书许志平在接受第一财经日报记者采访时说，蓝色光标2012年广告业务占比 45%，公关业务占比 55%，收购博杰后，出现翻转。

告业务，率先与腾讯广点通和百度贴吧完成对接，服务于近 5500 个客户。亿动广告传媒成立于 2006 年 1 月，总部位于上海，具有 4A 广告公司、社会化媒体、移动业务运营、无线增值服务以及 IT 方面的丰富从业经验，公司立足于中国和印度两大新兴市场，擅长基于智能移动广告平台和技术来帮助国际及本土品牌与消费者进行沟通，并为众多的中国开发者提供移动广告的投放和优化服务。2015 年 6 月 8 日，蓝色光标完成了对移动互联网广告公司多盟以及亿动的收购，其中以 2.89 亿美元收购多盟 100% 的股权和多盟智胜网络技术有限公司 95% 的股权；以 6120 美元收购亿动 51% 的股权并以 1000 万美元对其进行增资，从而持有亿动 54.77% 的股权。将多盟与亿动这两大顶尖移动营销服务商收入囊中，意味着蓝色光标获得了两家企业的客户资源、团队能力以及自主开发的广告投放系统，在优化自身的技术、资源、服务方面突飞猛进，将被收购方的区域优势、行业优势内化为自身优势，疏通了自身在大数据、数字营销及移动平台方面的壁垒，迅速晋升为中国移动广告市场的绝对领先者。

蓝标的并购重组履历并不限于上述。2014 年，蓝色光标低调并购了在互联网娱乐、金融、电子商务等领域表现不俗的玩乐云（以 500 万元收购股权 10%）、太和娱乐（以 3000 万元收购股权 10%）、拉卡拉（以 6000 万元取得股权 2%）、拉卡拉信用（以 750 万元持有股权 15%）等 20 余家移动互联网企业，并以 2500 万美元收购上海晶赞广告公司 14.29% 的股权，以 6000 万美元收购亚洲首家互联网广告购买方平台爱点击（iClick）13.5% 的股权。

蓝标在国内的版图扩张使得公司在短时间内获得了预期，实现了渠道、资源、客户的全面丰收，产业链条更加完整。但蓝标的目标并不仅限于国内，它还将视野投向海外市场。2013 年，蓝色光标提出了"数字化"和"国际化"的核心战略，希望通过一系列投资并购，吸纳优秀的海外公司。

2011 年 6 月 17 日，蓝色光标以 8000 万港币的价格，通过增资及股权收购的方式向在大中华区领先的财经公共关系服务企业新加坡金融公关集团进行投资，从而再次形成强强联合格局。蓝标以自身丰富的媒体资源和本土公关服务经验加持新加坡金融公关集团的财经公关经验，提升了蓝标在专业化领域的公关能力及营销传播整合能力。

2013 年 4 月 25 日，蓝色光标的子公司香港蓝标出资 3.5 亿元购进英国公关及医疗通信集团 Huntsworth 定向增发的 19.8% 的新股。这是本土公关公司的第一例海外重大收购，也是中国营销传播企业第一次投资世界巨头公司，蓝标也因此成为该集团的第一大股东。Huntsworth 的公司业务横跨英美、西欧和东欧、中东、非洲和亚洲太平洋地区，为诸多世界著名品牌提供服务，在医药和金融服务领域拥有领先优势。通过投资 Huntsworth，蓝色光标开始拥有真正意义上的国际网络，有机会满足日益增长的中国企业在全球扩张过程中产生的公共关系和营销传播的需求，是其全产业链布局及国际化战略的重要阶段性成果。

2013 年 6 月，蓝色光标在美国硅谷创建蓝标国际总部，标志着蓝色光标集团面向海外市场的开拓与布局稳定扩展。

2013 年 12 月 17 日，蓝色光标以 4195.98 万元收购总部位于英国伦敦的 We Are very Social Limited 82.84% 的股权，这也是蓝标第一次实现控股全球知名传播企业。We Are very Social Limited 被业内称为 WAVS，该公司成立于 2008 年，是一家国际性的社交媒体公司，拥有非常丰富的媒体资源，先后在纽约、巴黎、米兰、慕尼黑、新加坡、悉尼以及圣保罗等地设立 8 个子公司，客户包括阿迪达斯、捷豹汽车、喜力啤酒等国际知名企业。WAVS 擅长通过多种方式将社会化媒体与公共关系、数字营销相结合，为客户提供数字媒体营销、品牌咨询、危机公关、创意策划、社交媒体应用与平台研发等服务。在提供高水准客户关系管理的同时，WAVS 重在发展和巩固其行业领先的市场研究团队、国际知名的客户群体以及国际化的战略部署。2017 年 8 月 8 日，蓝标再次宣布收购 We Are very Social Limited 的声誉股权，后者成为蓝标的全资子公司。

2014 年 3 月 21 日，蓝标国际以 17844 万港元收购香港最大的、拥有众多领导型品牌客户的独立广告公司密达美渡（Metta）100% 的股权，与自身原有的品牌创构中心（BCC）整合，形成 Metta Creation，从而进一步强化了在创意策划、策略执行方面的优势，为客户提供创意营销整体解决方案和国际水准服务体验。此次全资收购有助于蓝标既有客户在香港的业务拓展，也有助于满足 Metta 既有客户成功进入内地市场的需要。

2014 年 7 月，蓝色光标以 2.9 亿元收购美国 FuseProject 设计公司 75% 的成员权益；2017 年 4 月，蓝色光标以 1.1 亿元收购该公司剩余的 25% 股权，成为该公司的独资母公司。Fuse Project 公司于 1999 年在旧金山创立。公司在产品造型设计、功能定义、商业模式的创新能力方面处于世界领先水平，是全美前 10 的顶尖整合设计公司，在业内拥有较高的知名度和美誉度。FuseProject 的作品还赢得了纽约现代艺术博物馆、旧金山现代艺术博物馆、芝加哥艺术博物馆等多所博物馆永久收藏。该公司被收购后，仍然保持独立运营状态，与母公司蓝标同时服务于客户，为客户提供从产品设计、品牌设计到公共关系、市场营销的全链条营销传播服务。

2014 年 12 月 3 日，蓝色光标以 300 万美元收购了美国 Blab 公司 9.48% 的股权。Blab 公司是舆情预测领域的开拓者，运用专有技术预测网络会话和热点，为客户提供日常的市场情报预测，其"会画图"产品对各类企业及营销市场具有极大的吸引力。

2014 年 12 月 16 日，蓝色光标以 1.95 亿加元收购加拿大传播巨头 Vision7 International Inc 92.96% 的股权。Vision7 是一家综合性广告与传播公司，在北美及全球范围内为众多知名品牌提供服务，公司由四部分组成，分别是 Cossette、Citizen Relations、Vision7 Media 以及 Dare，业务涵盖广告、媒体购买与策划、公共关系、数字营销及网络通信等领域。Cossette 作为加拿大最大的独立广告和市场传播公司，其业务范围广泛，主要涉及应用程序和数字平台开发、品牌激活、体验营销和赞助、品牌定位品牌和数字化生产、电子商务、综合创意、市场调查、媒体策划购买与分析、移动营销、社交媒体赞助、活动策略计划，为客户提供全方位的综合广告传播综合服务。Citizen Relations 在全球拥有 9 家办公室，分别位于纽约、洛杉矶、多伦多、蒙特利尔、伦敦和新加坡，是全球领先的整合创意传播代理机构，横跨全球 40 多个国家和城市的战略合作伙伴网络让其运作模式独具特色，能够随时随地为客户提供有价值的定制化服务，拥有美国宇航局等多家国际合作伙伴，也是宝洁公司全球五家指定的公关代理公司之一。Vision7 Media 是加拿大最大的独立媒体购买和策划集团。Dare 是一家以数字为导向的公司，主要关注于数字营销、网络通信和社交媒体。

2016 年，蓝色光标又进一步明确将"营销智能化"和"业务全球化"作为集团的长期发展战略。2017 年 2 月 6 日，Citizen Relations 宣布成功完成对 Black Chalk 营销公司的收购，Black Chalk 的员工正式并入 Citizen Relations，与多伦多办公室的团队进行整合。至此，蓝标集团在北美的市场又添一翼。Black Chalk 位于加拿大多伦多，是一家颇具声誉的体验营销公司，拥有一批走在创新前沿的客户，例如微软、Spotify、华纳兄弟娱乐公司、费列罗等。Black Chalk 提供的体验营销服务涵盖促销、赞助活动、展会设计与活动管理、青少年营销活动、店外和店内零售活动、音乐会和娱乐制作、会议以及内容制作等。

2017 年 3 月 6 日，蓝标国际宣布与总部位于巴西圣保罗的拉美地区领先公关传播代理商 24×7 Comunicação 建立战略伙伴关系，双方合作的内容包括跨境营销、业务拓展机会及知识共享，24×7 Comunicaçao 将为蓝标国际在全球范围合作的中国企业和其他跨国企业提供高效触达渠道的落地执行服务，也更好地服务于进入巴西和拉美其他市场的中国企业，两家公司共同为中国、巴西和拉美地区的国际品牌与企业提供精准的本地化公关和营销传播方案。

2017 年 9 月，Citizen Relations 宣布完成对 Narrative 集团的收购，为蓝色光标海外业务再添新鲜力量。Narrative 是一家位于美国纽约及好莱坞的营销公司，专注于奢侈品和大众领域的体验营销和意见领袖营销，拥有包括麦当劳、通用汽车和 Pernod Ricard 等在内的众多优质客户。

三、效果呈现

自开始第一次版图扩张至今，蓝色光标先后并购了 10 余家国内公司，近 10 家国际公司，在 11 个国家进行了业务网络的布局。除此之外，还投资了 40 多家公司。业务版图的扩张让蓝色光标的年度营业收入从 2010 年的 3 亿元增长到 2020 年年底的 405 亿元，从一家 300 人的中国本土公司增长到在全球拥有 5000 名员工的跨国营销传播集团。下文以图表的方式直观呈现蓝色光标集团版图扩张后的稳定构成。

表2-1　蓝色光标集团旗下主要子公司[①]

公司名称	业务性质	公司名称	业务性质
北京蓝色光标公关顾问有限公司	服务业	北京美广互动广告有限公司	广告业
北京蓝色印象品牌顾问有限公司	服务业	北京今久广告传播有限责任公司	广告业
北京智扬唯美科技咨询有限公司	服务业	北京思恩客广告有限公司	广告业
上海蓝色光标公关服务有限公司	服务业	精准阳光（北京）传媒广告有限公司	广告业
上海蓝色光标品牌顾问有限公司	服务业	北京捷报数据技术有限公司	服务业
北京蓝色方略整合营销顾问股份有限公司	服务业	蓝瀚（上海）科技有限公司	服务业
上海蓝色光标数字文化传播有限公司	服务业	浙江蓝色光标数据科技有限公司	服务业
广州蓝色光标市场顾问有限公司	服务业	多盟智胜网络技术（北京）有限公司	服务业
山南蓝色光标数字营销有限公司（西藏）	广告业	Huntsworth	服务业
深圳蓝色光标互动营销有限公司	广告业	Citizen Relations	服务业
蓝色光标国际传播集团有限公司	广告业	Vision7 International Inc.	服务业
西藏山南东方博杰广告有限公司	广告业	We Are Very Social Limited	服务业
合计 24 家			

---

① 作者根据蓝色光标集团的公开资料整理而成。

表2-2　蓝色光标集团的主营业务[①]

业务板块	代表性子公司	细分服务领域
整合营销传播	蓝标数字	数字营销传播服务
	美广互动	国际化数字广告代理
	思恩客	泛娱乐营销服务
	智扬公关	企事业组织的公共关系
	蓝色方略	中高端企业活动策划服务
	博思瀚扬	互联网管理平台开发
	博杰传媒	电影电视媒体广告策划
	精准阳光	户外及小区灯箱广告
	今久广告	房地产广告策划
移动互联及大数据营销传播	BlueView	智能营销系统
	BlueMP	自主研发，面向移动端H5建站、轻应用
电子商务营销传播	北联	淘宝商城运营、广告营销策划
	蓝色数字	一站式的数字整合营销服务

在整合营销传播方面——数字营销传播部分主要是整合技术、数据、内容、平台等资源，用以进行行业分析、用户特征分析，从而为客户提供整合营销的创意、策略、执行等服务价值；公共关系部分是基于专业公关理论体系、强大的媒体关系、广泛的区域覆盖能力以及卓越的执行力，帮助可会塑造及传播品牌；活动策划部分是为客户提供销售终端管理服务、大型活动,会议的策划、展览展示,培训及商务旅行等；广告代理部分主要包括电视广告、互联网广告、房地产全案广告、户外社区广告四个细分领域。

在移动互联网及大数据方面——基于蓝色光标大数据平台进行行业口碑和用户特征分析，以数据技术驱动营销变革，基于平台＋组件产品架构，适应移动互联业务，实践智能营销一体化，为企业提供标准化一站式建站管理服务的平台系统，产品能够在企业移动营销、O2O（Online To Offline）营销等类型需求上给予企业强有力的平台支持。

---

① 作者根据蓝色光标集团的公开资料整理而成。

在电子商务营销传播方面——通过创新的"智能电商"商业模式帮助客户直面市场形势，整合全新O2O生态平台，构建品牌线上线下互通，朝"去中心化全渠道"发展，以"互联网+"战略为传统品牌构建多方位生态体系，无缝商业形态对接消费者，构建无壁垒的品牌信息沟通构架，做到成本可控，扩展新的服务场景，完成数字零售时代电商化转型，加速实现未来品牌电商的统一用户体系，逐步满足消费者在不同场景下的需求体验，同时也赋予O2O更为广阔的想象空间，打造未来生态产业链。

表2-3　蓝色光标集团的其他业务[①]

业务板块	业务描述	代表性子公司	组建方式
互联网汽车	探索互联网汽车销售新模式，帮助车企客户在电商销售平台建立新的销售渠道	蓝合汽车销售（上海）有限公司	以自有资金2500万元设立全资子公司
移动互联平台营销	为集团数字化战略及新业务培育注入优质平台建设资源	蓝色光标无限互联（北京）投资管理有限公司	以自有资金1亿元设立全资子公司
电子商务	建立以日本市场为主要目标的跨境电子商务服务平台	广州蓝色光标电子商务有限公司	以自有资金1000万元合资，持50%的股权

由上述三个图表信息可知，蓝标涉及业务范围广泛，同时互联网业务已成为蓝标的主攻方向。蓝标通过横向业务拓展以及纵向专业深耕，延长了对产业链的布局。同时，众多的客户以及营销资源为蓝标提供了所服务行业的相关数据，丰富了公司的数据内容，增强了公司对于大数据的信息处理能力。通过秉承"创意服务+产品技术"理念，蓝标的枝蔓渗透到信息技术、汽车、消费品、房地产、互联网、金融、游戏七大行业品牌，为客户提供消费者洞察、内容创意、活动管理、客户关系管理服务、自媒体智能投放、场景营销等全渠道应用。此外，蓝标不仅创立了蓝标数字、智扬公关等子品牌，还建立了欧泰普、大颜色科技等数据和算法驱动的新型业务品牌，服务范围几乎覆盖市场各大产业，还为企业提供销售促进解决方案等全价值服务体系，以此成为国内传播集团的"先驱者"和"引领者"。

---

① 作者根据网络公开信息材料整理而成。

四、特征探析

蓝色光标集团的版图扩张具有鲜明的"蓝标"特征，对国内其他营销传播机构而言，也具有一定的借鉴意义。

第一，从扩张目标来看，充分诠释了蓝标"内生式增长，外延式发展""数字化，全球化"以及"创意和技术融合"的核心战略目标。一方面，蓝标通过水平扩张和垂直扩张实现规模效应，前者是指收购与蓝色光标同类型的公司，从而扩大公司规模，降低成本，产生范围经济，与此同时也可以减少竞争，旗下公司可以分别服务具有竞争关系的客户；后者是通过收购完善自身的不足和短板，逐步渗透至新的领域，加强公司的实力与专业度。另一方面，蓝标的每一次股权交易都是为了快速获得某专门领域的营销传播资源——今久广告是房地产广告服务方面的领头羊，SNK 专注于互联网游戏营销和广告领域，美广互动的特长是进行网站设计、维护及推广，博杰的优势则在于是央视新闻频道重要的广告代理、多盟和亿动则专长于移动广告、程序化购买方面；对 Huntsworth、We Are Social、Vision7 的收购更倾向于空间市场的开拓，对于 Blab、FuseProject 的吸纳，则更倾向于扩展蓝标的服务领域、增加相关行业资源……这些公司在特定的细分领域里均拥有各自非常突出的核心竞争力。通过这种整合，蓝标即可以充分享有被并购公司的渠道、市场、客户以及其他多方资源，由母公司统辖若干子公司，不同子公司在公关、广告业务领域有不同的分工和业务特色。

第二，从扩张类型来看，蓝标迄今为止的机体成长进程中有三大类型发挥着支撑作用——第一类是控股或者全资收购，主要针对那些被评估为业务互补性强、投资回报潜力大、合作意向明确的企业；第二类是参股，主要针对的是那些成长性、延展性及互补性比较良好，但预期不明确或者难以实现控股的企业；第三类是直接投资，主要面向业务关联度高、既有成熟企业投资合作前景不明朗的情况，诸如投资成立上海励唐会展策划有限公司、北京碧水源电子商务公司等。

第三，从扩张的具体做法来看，蓝色光标在并购模式及节奏方面专业且老到。蓝标的并购模式通常是三种——51/49模式、25/75模式以及25/75/25模式。51/49模式用现金收购51%的股权，未来两年用股票换剩下49%的股权，收购精准阳光即为此模式，但由于蓝标短时间内的连续扩张需要大量现金的超募，并不能很好地解决企业的融资问题；25/75模式是以25%的现金和75%的股票一次性收购100%股权，收购今久广告就运用这一模式，这种方式可大大降低现金的流通压力和对现金的需求；25/75/25模式指以25%的现金和75%的股票同时以定增方式发行25%的股票来筹集25%的现金，这种模式下，蓝标几乎不需要自有资金，如对西藏博杰的收购——虽然总收购的资金达到17.8亿人民币，除了第一次收购以自有资金1.78亿外，其余90%都是蓝色光标通过发行股份和配套融资来支付的。这三种模式下，企业都是需要发行股份的，新的股份进入会稀释管理层的股权，影响原本管理结构上的稳定性。在并购方式的选择上，蓝标往往是分阶段收购，通过先控股后增持的办法，使之成为其全资子公司，阶段性的收购除增强对现金流的可控性、减少前期资金投入外，还能够循序渐进地扩大整个集团地业务范围。

第四，从扩张的方向来看，从早期的整合营销、国际营销到智能营销发展的趋向明确。蓝标在2014年年报中提到了关于未来"国际化＋数字化"的设想，其中最重要的一条就是要在2015年成为中国第一的移动广告公司。为此，蓝标开始布局整个智能和移动营销的"环"，先是买下两家大数据分析公司，掌握营销的数据资源，同时开启DMP平台服务；随后在营销的"端"口上下功夫，投资建飞科联在wifi端口跑马圈地，并在2015年推出BlueMP平台提供移动端口的H5营销服务；最后在平台建设上选择了iClick，以及多盟和亿动。投资并购这几大广告技术公司为蓝色光标带来移动端精准投放广告的技术和程序化广告平台交易能力，同时拓展其客户资源和技术团队。至此，蓝标的数字化营销蓝图可谓是初见端倪。一个典型的案例是蓝色光标与金融科技领域的领军企业拉卡拉的携手，堪称技术驱动商业模式变革的一个范例。2018年，蓝色光标联合拉卡拉成立昆仑堂大数据研究院。昆仑堂是一个理论创新、技术协同、价值分享的平台，致力于用户洞察，搭建智慧经营云，助力智慧经营服务。拉卡拉在金融方面具有几十年的经验累积，其自主研发的鹰眼风控系统以及天穹反欺诈系统，已经达到秒级速度完成对用户的风险画像和风险评估。蓝色光标在近几年里不断通过业务创新和投资并购增加数据和技术基因，搭建智慧经营服务平台。

第五，从扩张效果来看，成果丰硕的同时也存在遭遇风险的可能性。首先，蓝标通过投资并购寻求外延式发展，集团内收购业务收入已超过自有业务。并购交易完成后，被收购业务与原有业务仍需在人员管理、客户管理、媒体采购、后台管理等方面进行持续适应与融合。扩张能否保障蓝标的控制力并保持蓝标原有的竞争优势，充分发挥并购整合的协同效应仍具有不确定性。如，蓝标 2015 年第一季度财务报告显示，公司预期 2015 年第一季度亏损 9588 万元至 1.11 亿元，亏损原因在于 2013 年的一桩海外并购案，也就是前文曾提到的 Huntsworth 公司因新上任的首席执行官施行的三项措施①而发生了商誉减值，因此蓝色光标的净利润也随之受损，遇到了投资界的"黑天鹅"；再如，2013 年 8 月，蓝色光标以近 18 亿元的价格收购了博杰广告，两方签订对赌协议，2013 年及 2014 年博杰广告的业绩轻松达标，但到了 2015 年，博杰广告的业绩突然下滑，此后便一蹶不振。当然，在企业扩张进程中，风险和机遇往往是并存的，需要主体客观理性看待并应对这方面问题，如果因为潜在风险而裹足不前的话，企业也往往就失去了成长、成熟以及成为行业领跑者的机会。从债务融资角度来看，蓝色光标资产负债率已经从上市之初（2010）的 6.94% 大幅增加至 2017 年的 62.08%，不断升高的资产负债率意味着公司的现金流面临更大的压力，从侧面反映出公司并购势头过热导致了一定程度的资金缺乏。从中国资本市场外部环境来看，随着 IPO（Initial Public Offering，即首次公开募股）从审批制、核准制到保荐人制以及注册制，上市门槛不断降低使得成长性好的优质企业倾向于独立上市，寻找到优质并

---

① 这三项措施为：为调节商誉，收入不变时，将利润做下去；主动管理董事会和大股东预期，为业绩提升留空间和营造相对宽松的任期内环境；准备可能的股权激励。

购标的的难度便会增加。

综合地看，上述梳理足以说明蓝色光标集团在企业发展战略层面的前瞻能力、把控能力以及在具体执行策略层面的运作力、协调力。对于蓝标来说，服务客户固然是蓝标大手笔扩张的关键因素，除此之外，如何通过技术投资和资产投资，加深延展与客户、与媒体、与消费者之间的关系，才是所有扩张动作的核心所在。也正因合理、果断的版图扩张，如今，蓝标已经成长为规模化、专业化营销传播集团，业务板块涉及以广告、公共关系、活动管理等为主的成熟业务，以数字全案传播为主的领先业务，以移动广告、电子商务及大数据为主的新兴业务，以为中国品牌出海提供服务和帮助的国际业务四大方面，成为作风老辣干练的中国乃至亚洲第一的营销传播集团，堪称中国的 WPP[①]。

第三节 行业地位

早期的蓝色光标是一家为各类型社会组织提供公共关系专业服务的企业，积累了二十余年的公关经验和执业能力。随着自身成长及行业发展需要，2010 年，蓝标成功登陆中国深圳证券交易所创业板 A 股市场，成为国内公共关系行业里首家上市公司，打破中国公共关系企业零上市的局面，成为国内公共关系企业的领军人，从此正式进入资本市场并不断地扩张。现今，蓝标借助资本力量实现了在技术、数据领域的布局，跻身于全球领先的公关公司之列，不仅为公司的可持续发展、国际化发展插上了翅膀，更在国内外的业内赢得了诸多荣誉。2001 年，蓝标为用友软件、Cisco 以及联想三个客户所做的项目获得中国国际公共关系协会最佳案例奖金奖，此后多次获得中国最佳公共关系案例大赛的奖项；2006 年 11 月，获得香港 MEDIA 杂志举办的2006 年亚太公关大奖"年度公关公司"第二名，是当时中国内地公关公司第

---

① WPP，全球最大的营销传播集团，总部位于英国伦敦，为本地及国际客户提供广告、媒体投资管理、信息顾问、公共事务及公共关系、建立品牌及企业形象等营销传播服务。

一次在权威公关大奖中获得的最高荣誉。此后，蓝标屡屡在国内外获得多项重量级的行业内认可及荣誉。

一、国际荣誉

（一）The Holmes Report 排名

The Holmes（霍尔姆斯）是美国公共关系行业的权威资讯机构，The Holmes Report 被译为"霍尔姆斯全球主导企业报告"，每年度发布一次，旨在为全球公关传播人士提供行业知识、分析及见解，该报告每年评选出全球前 250 家公关领域的执业企业，排名的依据是上一年度该公司的服务费收入。蓝色光标集团自 2007 年以第 75 的成绩，首次进入 The Holmes Report 榜单，需要说明的是，蓝色光标是中国大陆本土营销传播公司中的唯一入选者，且此后位次连年提升。

表2-4　蓝色光标入选The Holmes Report 榜单情况[①]

年份	排名位次	备注
2007	75	因营业的规模优势首次进入榜单，是中国本土公关公司中唯一入选的企业
2010	38	通过专业实力稳步提高自身排名
2011	29	首次进入全球 30 强；年增长率 40%，在 30 强中排名第一
2012	24	获评"2012 年度亚洲最大公关公司"；内生增长率排名全球第一
2013	19	进入全球 20 强；蝉联亚洲最大的公关公司；增长率 38.9%，在 25 强中排名第一
2014	16	蝉联亚洲最大的公关公司；在全球公关公司同行中排名第 16
2015	14	蝉联亚洲最大的公关公司；在全球公关公司同行中排名第 14
2016	9	首次进入全球公关排名 Top 10，打破了该榜单长期被欧美公关公司独占的局面；增长率 36.7%，是 Top 10 里增长最快的公司
2017	9	排名依据仅包括旗下境内外的公关业务；唯一进入全球 Top250 公关公司前 10 的中国本土营销传播企业
2018	9/7	连续三年入围榜单 Top 10；在全球营销传播控股集团列第 7；在全球公关代理公司位列第 9；增长率 12.3%
2019	9/7	连续四年入围榜单 Top 10；在全球公关代理公司位列第 9；在全球营销传播控股集团位列第 7，进一步稳固了在全球的竞争优势

[①]　作者根据蓝标官网及其他网络资源整理而成。

从历年 The Holmes Report 公布的榜单来看，蓝色光标从 2007 年位列全球公关公司排名第 75 名，成为唯一一家入选全球公关行业百强的中国本土公关公司，到 30 强、20 强，再到连续两年站稳全球 10 强，蓝色光标在中国本土公关公司中已经确立了领先的地位[①]。2016 年，蓝标首次跻身于 The Holmes Report 排名的 Top 10。这是继联想、华为等"中国智造"在国际舞台取得突破性成就后，中国公司在智力服务行业全球顶级排名上的又一突破[②]。

（二）《PRWEEK》排名

《PRWEEK》可翻译成《公关周刊》，是全球公共关系咨询行业最具权威的行业周刊。该刊 1998 年 11 月 16 日在美国创刊，发行覆盖全美，刊物内容主要包括公关行业最新动态、深度解析、专栏以及活动回顾等，此外还为公关从业人员提供包括薪资待遇、企业调研、行业排名等方面的资讯。《PRWEEK》的行业排名广为认可，在公关业内、甲方企业董事会及高管团队中均具有较大影响力与权威性。

由《PRWEEK》评定的 2015 年度全球排名报告新鲜出炉，报告显示，中国蓝色光标公司首度进入公关代理公司亚洲排行榜，并跻身于全球排行榜前 10 强。该榜单中，蓝色光标 2014 年度的中国公关业务服务费收入总计约 17920 万美元（约等于 11.11 亿元人民币），相较 2013 年，增幅约为 46%[③]。

根据《PRWEEK》发布的 2018 年度全球公关代理商的排名，蓝色光标在众多亚洲公关公司中位列第 1，在全球的公关公司同行中排名第 9。蓝色光标凭借遍布国内外的公关传播业务，不仅问鼎公关代理公司亚洲排行榜，也是唯一一家位列全球排行榜前 10 强的中国企业，并以 19% 的高增长率成为全球 Top 10 里发展势头最强劲的公司。

---

① https://www.digitaling.com/articles/39814.html.

② http://bluefocusdigital.com/xwzx/1451.html.

③ http://www.bojie.com.cn/news/bjdt/55.html.

（三）其他

2015 年，《互联网周刊》评选 2015 年全球公关公司 Top 100，蓝色光标以 2014 年度 208.8% 的收入增长率进入全球视野，以 96.76 分的综合得分位列前 100 强的第二名，与第一名、全球知名的奥美公关 97.03 分的得分只差 0.27 分。

2016 年，蓝色光标荣登全球权威广告营销行业资讯机构 Warc 发布的全球广告趋势报告，入选"全球最佳控股公司 Top 10"的榜单，位列第 8 名，是中国唯一获此殊荣的营销传播机构，也是中国公司首次进入该榜单的前 10 强。2019 年，蓝色光标继续现身 Warc 报告，获得"全球最佳控股公司 Top 10"第 9 名。Warc 发布的 Top 10 的排名是依据参评公司上一年度营销活动及在全球各大实效及策略奖项评比中的表现得出。

	Holding Company	Points
1	WPP	3404.8
2	Omnicom Group	3308.5
3	Publicis Groupe	2385.8
4	Interpublic Group	2043.7
5	Havas	322.9
6	Dentsu	319.7
7	MDC Partners	88.6
8	Bluefocus	84.3
9	Hakuhodo	69.3

图2-1　2016年Warc Top 10排名（由蓝色光标集团提供）

2020 年 12 月，推特（Twitter）发布《迈向全球：2020 年 Twitter 中国出海领导品牌报告》，蓝标传媒旗下蓝瀚互动、亿动广告传媒成功入选"2020 年 Twitter 中国出海领导品牌榜单"；荣获"大中华区艾菲奖最具实效代理公司控股集团"第 3 名；蓝色光标数字营销机构荣膺"大中华区最具实效代理公司网络"第 2 名；在大中华区艾菲奖评选中，蓝色光标及旗下子公司斩获一项银奖、七项铜奖。[①]

蓝标能够在较短时间内成为具有全球业务覆盖能力的中国营销传播集团，实现在全球营销传播、公共关系执业公司中脱颖而出的主要原因得益于两方面，一是目标精准、节奏紧凑的扩张，不仅布局国内市场，也持续推进"国际化"战略；二是对传播环境变化的迅速反应。传播环境的变化主要指因数字技术、人工智能带来传播方式、客户需求等方面的颠覆性改变，面对这些变化，蓝标反应迅速，因而赢得发展先机，初步实现数字营销的全产业链布局，转型为数据科技营销企业。如今，蓝色光标集团的数字化营业收入占集团总收入的比例已超过 90%。凭借在数据、技术方便的远见和布局，蓝色光标得以快速发展，得以凸显竞争优势，得以跻身并不断超越全球顶尖的同行企业。

二、行业获奖

自 2015 年起，蓝标开始在国内外知名的行业赛事中获得认可。

2012 年 10 月 30 日，美国迈阿密举办全球公关峰会（Global Public Relations Summit）。蓝色光标凭借其为客户联想设计并执行的微公益案例，获得了 Global SABRE Awards 的"企业公益（CORPORATE PHILANTHROPY）"类金奖——这是继 2012 年 9 月 26 日亚太区的 SABRE Awards 金奖之后，蓝色光标在全球范围内再次获得专业认可。

表2-5　行业内获奖情况（2015年）

序号	获奖时间	奖项名称	获奖等级	获奖作品名称
1	6 月 18 日	PR Week Awards Asia	金奖（2 项）	万艾可：性福中国蓝皮书 太古汇三周年：臻爱 383

[①] 艾菲奖是全球唯一以"实效"为评估标准的营销传播国际奖项，蓝标报送的案例作品能从中脱颖而出，体现了国际水准的专业成就。

（续表）

序号	获奖时间	奖项名称	获奖等级	获奖作品名称
2	9月23日	The In2 SABRE Awards	金奖（4项）	Fresh Thinking Day -ThinkPad S3 Yoga Launch； Dettol- Give Models A Shower； P&G-My youth is one of a kind； 杜蕾斯：Love Tickle
3	10月22日	第八届金投赏国际创意节	金奖（4项）	百度全景：尼泊尔古迹复原行动 杜蕾斯：love tickle apple watch app 英菲尼迪：敢爱邦 宝洁&京东：宠爱节
			银奖（2项）	美赞臣A+：大脑魏来谈 Nike+&：全国空气质量指数植入
			铜奖（6项）	九阳：双11& 双12推广 转化大师ConversionMaster 问答箱子WendaX 微软：Surface Pro3 德克士：双城互动 惠氏妈妈奶粉：礼赞勇敢孕妈咪
4	10月25日	大中华区艾菲奖	评委会特别推荐大奖；企业声誉组金奖；全场大奖	百度全景：尼泊尔古迹复原行动
5	11月5日	ONE SHOW	红铅笔奖；产品与服务创新金奖	百度全景：尼泊尔古迹复原行动

表2-6　行业内获奖情况（2016年）

序号	获奖时间	奖项名称	获奖等级	获奖作品名称
1	5月13日	ONE SHOW	互动奖－银奖	百度全景：尼泊尔古迹复原行动
2	12月15日	金旗奖	金奖（5项）	百事：把乐带回家 穿越百年见证七夕 茅台酒：心巧克力 1号店：买遍全世界 雀巢咖啡：大咖节
			最具公众影响力海外传播金奖&全场大奖	欢乐春节 ——行走的年夜饭走进Facebook总部
3	10月27日	中国广告长城奖；媒介营销奖&动创意奖	金奖（3项） 银奖（1项） 铜奖（1项）	雀巢：咖啡香水 百度：张国荣隔空对话 爱奇艺VIP六周年营销案例

（续表）

序号	获奖时间	奖项名称	获奖等级	获奖作品名称
4	10月23日	艾菲时效奖	银奖（1项）	百事可乐——把乐带回家
			铜奖（2项）	广汽丰田匠心质造营销案例
				百度：大数据交响乐

表2-7 行业内获奖情况（2017年）

序号	获奖时间	奖项名称	获奖等级	获奖作品名称
1	11月8日	蒲公英奖	金奖（5）	联想：医院场景化传播
				百度：神奇动物园
				爱奇艺：VIP 六周年
				细有所值：挚纯 Neutral
				自由岛：首创 AGC 短视频
			银奖（6）	百度：神奇动物园
				联想：艺术航海
				索尼：挑剔派的选择 KOL 证言
				中国银行：出国金融传播方案
				广汽丰田：匠心质造
				民生银行：6.6 懂你日
2	6月6日	PR Awards Asi	铜奖（1项）	百度：激活失落的文明 AR 复原老北京九大城门
3	9月11日	In2 SABRE Asia-PaciFic	最佳广告营销案例大奖	京东×孩之宝：变形金刚
4	9月14日	SABRE Awards Asia-PaciFic	"影响者营销"大奖	索尼：王的全球第一台电视
5	9月19日	第十届金投赏	金奖（1项）	戴森：重新定义购买者
			铜奖（3项）	欧乐B：iBrush Plus 发现新星图
				宝洁：双十一占便宜课堂
				生活服务类品牌营销
6	10月21日	2017 年中国国际广告节；中国广告长城奖	银奖（1项）	欧乐B：黑科技邀请函
			铜奖（1项）	易车66购车节"六月出行趣卜"
			优秀奖（5项）	索尼：王的全球第一台电视
				奥迪：驭变者胜英杰汇体育大使刘国梁纪录片
				百度：与艾滋病毒感染者"同居"8 小时
				腾讯：《天龙八部手游》声鉴卡技术创新
				阿里巴巴：Move Free

（续表）

序号	获奖时间	奖项名称	获奖等级	获奖作品名称
7	6月21日	2017年戛纳国际创意节金狮奖	金奖（2项）	Sickkids 公益项目（2项）
			银奖（3项）	Sickkids 公益项目（2项） Netflix -Speak Like The Patron
			铜奖（4项）	Sickkids 公益项目（3项） Netflix-Speak Like The Patron
8	11月9日	2017年大中华区艾菲奖	金奖（1项）	
			银奖（3项）	最强大脑：人机大战 百度：唤醒城市的记忆 AR 复原老北京九大城门
			铜奖（1项）	索尼：王的全球第一台电视

表2-8　行业内获奖情况（2018年）

序号	获奖时间	奖项名称	获奖等级	获奖作品名称
1	6月17日	戛纳国际创意节	户外类全场大奖	麦当劳：Follow The Arches
			银狮（2项）	SickKids：公益项目
			铜狮（7项）	加拿大铁路公司：VIA Rail 40 周年庆 SickKids：公益项目 麦当劳：Follow The Arches NGO 组织：Humanity &Inclusion
2	9月29日	中国广告长城奖	广告主奖	高能卡位·世界波 戴森：看天吃饭 唯品会：构建短视频电商生态 国航：乘国航飞行，让世界喜爱
3	10月18日	第11届金投赏	银奖（4项）	Oreo OBOX Social Campaign 锤子科技：听老罗语录送坚果 Pro 京东：记录国际空间站凌日 英雄联盟：全球总决赛
			铜奖（4项）	京东：发现新主义 戴森：OTV 朋友圈联动 欧乐B：星际洁齿 方便面 3.0

表2-9 行业内获奖情况（2019年）

序号	获奖时间	奖项名称	获奖等级	获奖作品名称
1	9月19日	2019 SABRE AWARDS ASIA-PACIFIC（金刀奖）	金奖（3项）	京东：JOY与锦鲤
				宝洁：女人自私才能活成诗
				玛氏箭牌：垃圾投进趣
			入围奖（2项）	一加手机X京东X孤独星球：夜·中国
				佳能：拍星空就选EOS
2	12月16日	2019 Blue Awards	金奖（2项）	京东：JOY与锦鲤
				王者荣耀：五五朋友开黑节友情无价纪念钞
			单项奖（3项）	故宫：故宫过大年
				穿越火线：火线狗粮
				奥利奥：官方抖音平台营销
			银奖（6项）	京东：JOY与锦鲤
				百事可乐：和妈妈一起绣文化
				奥利奥：朕的心意·故宫食品
				奥迪：e-tron深度沉浸式体验
				Jeep：让越野更简单傻瓜也能越野
				百度：地球日与濒危萌兽"击掌为盟"
3	10月31日	金网奖	单项奖	平安信用卡：2018懂你的AI
			金奖	京东：手机"真香"
4	11月2日	蒲公英奖	银奖（3项）	北京现代：智趣空间站
				Jeep：上海车展新车发布
				哈尔滨冰雪大世界
			年度创新产品	鲁班：跨境电商一站式社交引流智能系统
5	10月26日	金旗奖	金奖	奥利奥：启"饼"皇上奥利奥进宫了
6	10月27日	长城奖	银奖	奥利奥：启"饼"皇上奥利奥进宫了
			铜奖	宝洁：夏日从头降火
7	9月24日	广告主奖	金奖（5项）	Roca：寻找私享家
				海南：ExploreHainan
				易车：精细化运营打造易车短视频用户
				江淮汽车：用有趣的方式开启世界
				国航：吸引全世界的目光
8	11月16日	大数据科技传播奖	创新奖	iDataBot

（续表）

序号	获奖时间	奖项名称	获奖等级	获奖作品名称
9	5月15日	IAI 国际广告奖	金奖（4项）	伊利：未来牛奶"未来有机会更好"
				家安：用家安就是不一样
				京东：大黄蜂 超级 IP 日
				京东 × 草间弥生：以爱之名
			银奖（2项）	京东：寻找更好的答案
				奥利奥：Savory campaign
			铜奖（5项）	锤子科技：每欢呼一次送一台坚果3
				高能卡位 世界波：世界杯整合营销
				京东：电器220V带电新人类
				奥利奥：Savory campaign
				三星：贝多芬第九交响曲
			年度数字营销公司	蓝标传媒
			年度最具成长性广告代理公司	蓝瀚互动
10	11月28日	灵眸奖	实力营销平台	蓝标传媒
			价值出海营销平台	蓝瀚互动
			十大营销案例（4项）	京东：618，快手网红带货玩转老铁经济
				清风：纸为我骄傲
				国航：吸引全世界的目光
				Tecno: It takes obsession
11	11月22日	大中华区艾菲奖	银奖	穿越火线：十年火线千里穿越
			铜奖	奥利奥：启"饼"皇上奥利奥进宫了

表2-10　行业内获奖情况（2020年）

序号	获奖时间	奖项名称	获奖等级	获奖作品名称
1	1月8日	巨量引擎2019年度优秀合作伙伴	最佳整合营销合作伙伴	蓝标传媒（蓝标集团子公司）
			出海精英合作伙伴	
2	1月10日	2019快手商业化短视频营销案例大赛	金奖	以精细化多场景创意助力易车获客降本提留存
3	5月4日	中国数字媒体大奖	金奖	百事：和妈妈一起"绣"文化
			银奖	沃尔沃：The Wall-Breaking Video 中国绝技
			金奖／银奖	奥利奥 × 朕的心意：启"饼"皇上，奥利奥进宫了
4	5月13日	纽约广告节	银奖／铜奖	奥利奥 × 朕的心意：启"饼"皇上，奥利奥进宫了

（续表）

序号	获奖时间	奖项名称	获奖等级	获奖作品名称
5	6月28日	第11届金鼠标数字营销大赛	金奖	《梵高的秘密》vivo NEX3 无界艺术展 沃尔沃 XC60 "眼见不为实" 去哪儿旅行：非遗非常潮 飘柔：人生没有过不去的结 百事：和妈妈一起绣文化 启"饼"皇上，奥利奥进宫了 传音 Spark Go=Speed your life
			银奖	vivo 天猫双十一星际迷航大电影番外篇 沃尔沃全新 S60 中国绝技系列视频 海尔全球粉丝节
			铜奖	我的古董老爸：vivo 双十一超级 v 粉节短片
6	7月31日	第12届广告主金远奖	金奖	路虎自驾路线评级 多场景创意助力易车获客降本提存 分业务线精细化运营助力分期乐
			银奖	原生场景化创意打造金融授信转话通路
7	7月2日	第8届 Topdigital 创意营销案例奖	金奖	iQOO Pro 5G 狂想曲 《追踪 Neo》vivo 双十一星际迷航大电影
			专项奖	京东 × 故宫：中国结宫迎好运来 T3× 红旗·十公里国宾礼遇； 捷豹路虎云现场 海尔全球粉丝节
			银奖	植选 × 刘雯：超模的秘密；梵高的秘密 路虎自驾路线评级 Ugdesk 用户增长平台
			铜奖	伊利金领冠：成长有金喜·鼠你 ZUI 好玩 750 万人在线拒绝刘雯的拍照邀请 精细化多场景创意，助力易车获客降本提存
8	8月25日	第9届 ADMEN 国际大奖	最具商业价值机构奖	蓝标传媒
			实战金案奖	传音"Spark Go"TikTok 网红挑战赛 捷豹路虎"云现场"大咖直播间 清风"纸为我骄傲"整合营销 海尔全球粉丝节
			品牌 100 年度案例	线下线上联动，TECNO 的创新出海
9	8月26日	第11届虎啸奖	金奖	百事：和妈妈一起"绣"文化 沃尔沃 XC60 "眼见不为实" 奥利奥 × 朕的心意：启"饼"皇上，奥利奥进宫了
			银奖	沃尔沃全新 S60 中国绝技系列视频 2019 奥利奥微博长期运营
			优秀奖	浦发银行：365 天，与礼在一起 茅台：与世界做朋友

（续表）

序号	获奖时间	奖项名称	获奖等级	获奖作品名称
10	9月29日	亚太 In2 SABRE Awards	金奖	750 万人拒绝刘雯的拍照邀请 Libresse 薇尔："月经不隐藏"态度营销
			佳作	飘柔 30 年：人生没有过不去的结 京东 5G：另类科学实验室 百度×B 站：小度住手 iQOO 强悍担当 一声平安，一家团圆 伊利舒化：春节"支招瓶" 伊利 QQ 星：让国宝"活"起来 有一种成长叫成为你的骄傲
11	9月9日	MMA 中国无线营销大奖	银奖	传音"Spark Go"TikTok 网红挑战赛
			铜奖	百事：和妈妈一起"绣"文化
			优秀奖	一起走过十年，归来仍是少年 一声平安，一家团圆 浦发信用卡"浦绘童梦" 交通银行信用卡"就是这么惠"
12	9月16日	第 20 届 IAI 国际广告节	金奖	奥利奥×朕的心意：启"饼"皇上，奥利奥进宫了 去哪儿旅行：非遗非常潮 百事：和妈妈一起"绣"文化 沃尔沃："眼见不为实" 沃尔沃：The Wall-Breaking Video 中国绝技 奥利奥×支付宝：好玩不止扭舔泡 Jeep：献给全世界 10000000 Jeeper 的电影
			银奖	vivo：我的古董老爸科技会"撒谎" vivo：《梵高的秘密》无界艺术展 Jeep：让越野更简单——傻瓜也能越野 iQOO Pro 5G：打破空间屏障协奏贝多芬名曲 What's NEW Jeep 专业 SUV 再进化 跨次元魔盒守卫战 iQOO 英雄乐高大电影
			铜奖	浦发银行：365 天，与礼在一起 沃尔沃：抗疫公益海报 - 用"芯"守护你 平安信用卡：懂你的 AI 清风：纸为我骄傲 海尔：点亮新生活
			优秀奖	文化茅台·多彩贵州"一带一路"行 T3 出行：十公里的国宾礼遇 伊利：坚守共赢胜利，传递坚守者的故事

（续表）

序号	获奖时间	奖项名称	获奖等级	获奖作品名称
13	9 月 24 日	2020 SABRE Awards（亚太）	金奖	Libresse 薇尔："月经不隐藏"态度营销 比邻星任务 BMW 售后服务创新科技媒体体验日 750 万人在线拒绝刘雯的拍照邀请
14	11 月 16 日	第 27 届中国国际广告节长城奖	金奖	750 万人在线拒绝刘雯的拍照邀请 朝阳之光，威震四方
			优秀奖	伊利舒化知识瓶：春节"支招瓶" 京东另类科学实验室之"5G 来了" 一起过"巢"年
15	12 月 10 日	龙玺奖	铜奖	朝阳之光，威震四方 Libresse 薇尔："月经不隐藏"态度营销
16	12 月 13 日	2020 年大中华区艾菲奖	银奖	Libresse 薇尔："月经不隐藏"态度营销
			铜奖	京东另类科学实验室之"5G 来了" 以"结"共情 飘柔三十周年品牌视频 奥利奥 ✕ 周杰伦 ✕ 天猫超品口 玩心不变，玩出无限 奥利奥：长线打造好吃更好玩的小饼干 华为 P40 超感知影像·超感知掌镜人
17	12 月 20 日	中国 4A 金印奖	银奖	750 万人拒绝刘雯的拍照邀请

此外，蓝标还在 2017—2018 年度"中国品牌全球营销渠道建设项目"中获得"国家文化出口重点项目"荣誉称号；2017 年首次登上《财富》中国 500 强，是当年唯一一家进入该榜单的营销传播企业，之后连续四年，蓝色光标均处于《财富》中国 500 强榜单中，且位次逐步稳定上升；2018 年入选"首都文化企业 30 强"；2020 年入选中国企业信用 500 强……蓝色光标旗下公司和领导人也受到业界的一致肯定——旗下创意公司 Cossette 自 2016 年起连续三年获评加拿大"年度代理商"大奖；2018 年，旗下子品牌蓝标数字、蓝瀚互动、迈片互联斩获国内的金鼠标数字营销奖项；蓝色光标国际业务总裁郑泓获评 2016 华德奖"中国最受欢迎行业领军人物"，并入选 PRWeek 2017 影响力人物 Top 50 榜单等。

上述获奖，或因为策划创意，或源于故事呈现，或依靠数字化传播策略，或体现了良好的管理水平……无论是什么因素成就了获奖，都说明蓝标在服务客户方面的实力与优势以及在国内外不断上升的竞争力。

第四节　竞争优势

蓝色光标之所以能够成为中国顶尖、全球领先的营销传播企业，在于与时俱进、紧跟市场发展与客户需求而进行的扩张与应变，并因此不断建构起自身的差异化优势。具体概括为专业深耕、规模经营、全球视野以及注重革新。

一、专业深耕

在经营理念上，蓝色光标提出"专业立身，卓越执行"。董事长赵文权告曾说："专业是最基本的立身之道，蓝标作为一个专业公司，就是要为客户提供专业服务。要想在这个行业中安身立命，长远发展，甚至说要做百年老店，最基本的就是要有专业水平和专业能力。"以专业性安身立命、以卓越的执行力赢得客户满意，是蓝标能够不断发展壮大、做大做强、走出一条具有自身特色之路的重要原因。

在收获扩张带来红利的同时，蓝标加强了对旗下各个子公司、被控股企业以及被投资企业的资源整合，目的是激发彼此的竞争能力，实现强强联合，产生一加一大于二的联动效应。蓝标不断促发精准阳光和博杰传媒的合力，激发两者在智能电视广告传播领域形成竞争优势，为客户提供智能化增值服务；发掘多盟和亿动在移动广告方面的互补性，凸显蓝标在移动端的程序化投放势能；在帮助甲方企业出海方面，多盟和蓝瀚互动聚合发力，为客户在海外新媒体传播方面提供有力保障，等等。

这些做法强化了蓝标的专业能力，所提供的服务既具有广度，也具有深度，形成了更加明晰的业务板块。蓝色光标的业务板块主要分为三个方面：

一是全案推广服务，主要包括数字营销、公共关系及活动管理等；二是全案广告代理业务，主要包括数字广告投放、中国企业出海广告投放以及智能电视广告 OTT 业务代理等；三是海外公司业务，服务内容涵盖营销传播整个产业链。蓝标集团内的每个板块之间具有强产业关联但又区隔明确，兼顾了国内市场的发展、国内客户的出海诉求以及海外客户在中国的发展需要，三者相辅相成、相得益彰，最大限度地满足了客户最高效率、最大效果地实现整合营销传播的目标。

"专业立身，卓越执行"的经营理念也是蓝色光标差异化竞争战略的核心。蓝标集中了在人力、品牌、媒体资源及关系、客户关系和管理水平上的优势，努力给客户提供实效突出的服务。蓝色光标服务于多个行业领先品牌，这些品牌通过蓝色光标的连接与沟通顺利走线向海外，许多服务成为蓝色光标的经典案例。蓝标一贯重视保持自身在公关、广告等成熟业务领域的优势，对每一个客户的每一个诉求都力求实现客户满意的传播效果。以 2017 年 3 月蓝标为腾讯体育策划的主题为"腾讯体育——国乒地表最强 12 人"的事件营销活动为例，该活动的目的是通过腾讯体育的组织与发起，一方面增强腾讯体育在网友中的影响力，另一方面使乒乓球这项老牌的国民体育运动吸引到更多的年轻受众。基于此，蓝标进行了深度调研与创意策划，充分发掘年轻的乒乓名将张继科、马龙的 90 后及 00 后垂直粉丝，以故事化的表现把"地表最强 12 人"国乒队内资格选拔赛打造成一部"少年热血动漫"，在赛事进程的各个环节中，设计更具娱乐性、时尚感，同时又具备体育比赛职业性的中间环节，以"热血"为主题引发年轻化群体的情感共鸣，并充分利用粉丝效应，借助马龙、张继科等球星在年轻人群中强大的影响力，持续聚拢泛体育人群。该活动的传播效果说明了策划的成功——共计覆盖 7.7 亿人次，累计产生阅读 2429.4 万人次，其中社交平台覆盖 6.7 亿人次，阅读 1800 万人次；总互动 6.5 万人次，2 个微博话题共形成 9303 万人次阅读量与 8.5 万人次讨论量；行业内传播覆盖 921.4 万人次，阅读 53.6 万人次；还举办了 30 场发布会，形成 110 多篇相关新闻，覆盖 8970 万人，575.8 万人次阅读。

项目以年轻人喜爱的方式，推动了乒乓球赛事的 IP 化与市场化，释放了乒乓球运动的商业价值。由于专业性与瞩目效果，该项目获得了 2018 年 IAI 国际广告奖体育营销类银奖[①]。

二、规模经营

从成立直至 2008 年上市之前，蓝色光标一直是单体公关公司。是否需要做大做强，这个问题曾经在公司创始人中间有过短暂的分歧，最终，高层形成了规模经营、共创行业辉煌的共识。为了达成规模经营的目标，蓝标规模化发展的第一步是完善产业链，蓝标收购了国内外数十家细分市场领先的广告公司，逐步完善了整合营销传播产业链；第二步是"走出去"，决策层希望蓝标不是仅局限于中国市场，而是能成为一个在全球市场上有服务能力并且有影响力的公司。为此，蓝标收购了一部分西欧与北美的数字营销关联公司，为蓝色光标提供国外公关公司的先进管理经验，进而提升公司的整体实力；第三步是扩容产业链，蓝标嗅觉灵敏，较早感知数字技术带给营销传播领域的冲击并及时充实了自身的服务领域。"未来的营销将基于数据和算法"是蓝标工作进程中不断被强化的结论，蓝标需要提前看到一些未来的机会并进行变革，收购多盟和亿动正是蓝标的第一次尝试。2015 年，蓝标几乎赌上了自己未来几年的现金流，以 30 亿元大胆收购了正处于亏损中的多盟和亿动，进行移动广告、程序化购买方面的布局。从 2008 年到 2020 年，蓝标在国内外的高频率连续并购使其收益显著增加。

---

① http://www.bluewow.cn/case/caseDetail?id=4187.

表2-11　蓝色光标 2007—2020年业绩状况①

年份	营业收入（万元）	增幅	营业利润（万元）	增幅
2007	21665.03	—	4193.19	—
2008	32730.40	51.07%	5794.09	38.18%
2009	36761.26	12.32%②	6749.07	16.48%
2010	49572.40	34.85%	8664.82	28.39%
2011	126605.83	155.40%	17434.63	101.21%
2012	217537.81	71.82%	31641.18	81.48%
2013	358399.81	64.75%	54946.71	73.66%
2014	597908.82	66.83%	91148.51	65.86%
2015	834726.90	39.61%	-45803.6	-150.25%
2016	1231910.59	47.58%	68139.76	248.77%
2017	1523083.77	23.64%	29867.16	-56.17%
2018	2310396.85	51.69%	49255.57	64.92%
2019	2810571.77	21.65%	94243.77	91.34%
2020	4052689.09	44.20%	84593.73	-10.24%

由表可见，蓝标的营业收入增长幅度可观，其关键原因就是规模经营——规模经营增强了蓝标在提供整合营销传播服务方面的竞争力，在保有老客户的同时不断赢得客户的青睐，使其在行业内更具发展的可持续性。

三、全球视野

在 2019 年度蓝色光标的所有业务中，境外业务继续延续以往的稳健增长态势，其收入占主营业务收入的比例不断增加。海外业务已经成为蓝标主

---

① 作者根据蓝色光标 2007 年至 2020 年年度报告及网络公开信息整理而成。

② 2008 年国际经济危机波及的企业数量庞大，以公关为主营业务、服务企业的蓝标公司也受到了影响，业绩增速在 2009 年时明显放缓。同时，蓝标上市之前服务客户集中，一直依赖少数资本雄厚的大公司贡献收入的绝大部分占比，一旦客户流失，营业状况将不容乐观。而依靠公司内生性增长的模式已经不能满足公关市场和行业竞争日益激烈的需求。企业的并购能为其在短时间内积累人才技术优势，扩大企业的影响力，提高其竞争地位。

要业务板块中成长性极好的部分，这主要得益于蓝色光标不断深化的全球视野以及对海外市场的精心布局。

随着中国经济的快速发展及全球第二大经济体地位的稳固，越来越多的企业都具备了"走出去"的实力和意愿，想要去开拓更加广阔的海外市场。基于客户需求及自身实力和规模的扩大，蓝色光标也将目光投向了海外市场，形成了自身的"出海"计划与行动。

自 2011 年始，蓝标先后并购 Financial PR、We Are Social 等近 10 家优质海外营销传播公司，对海外优良资产的并购以及由此促成的协同效应，有力地刺激了海外业务的发展。2013 年，蓝标将国际化确立为公司发展的重点战略之一，首要业务是为中国企业、中国品牌的出海提供专业化、系统性的对外传播服务，助力中国品牌在全球市场取得商业成功；其次是以中国本土公司的独特优势帮助北美、西欧等众多全球 500 强品牌进入及稳固中国市场。为了更好地开展国际业务，蓝色光标成立了总部位于硅谷的全资子公司蓝标国际，统一管理运筹上述并购公司以及负责蓝色光标在海外的业务。

蓝标集团的全球视野集中呈现在蓝标国际的机体建设与内生发展上。蓝标国际拥有 24 小时不间断的全球运营系统，能够准确解读并及时响应客户的传播需求，调动和整合蓝标国际的全球资源为客户提供周到、专业、高效的服务。为了能够顺利实现在东道国市场的洞察、执行以及品牌讯息的有效传达，蓝标国际为每个重要市场配备了支持中英双语沟通的专业人才队伍，组建了专业技能多元互补的专家团队。蓝标国际基于在海外帮助中国企业运作众多营销活动的丰富经验，积累了丰富数据和深入洞察，助力中国品牌在复杂多变的海外市场进行高效传播。蓝标国际的 360 度全方位营销服务能力，为客户提供基于商业智能的端到端的整合营销解决方案，包括活动管理、CRM、电商服务、策略咨询、品牌管理、消费者洞察、大数据、数字化营销、社会化营销、移动硬营销、SEO（Search Engine Optimization，即搜索引擎优化）/SEM（Search Engine Markrting，即搜索引擎营销）、广告投放和公共关系等方面的服务。

四、注重革新

蓝色光标具备今天的规模和影响力源于其拥有重视变革，能够及时根据行业动态、市场变化调整自身业务及发展方向的敏感性。蓝标发展历程中出现过四次重大的革新转型。

在成立之初，蓝色光标就对营销传播收费模式进行了第一次变革，将按时间收费的服务模式变为按结果收费，并以此赢得客户的认可，逐步打开市场局面。2002 年，受互联网泡沫破裂的行业影响，蓝色光标增速开始放缓，随之开启了第二次变革，即客户范畴的拓展，由单一服务于 IT 行业的客户变为包括汽车客户、地产客户等其他范畴。2010 年上市之后，蓝色光标先以收购、兼并及入股的方式吸纳众多传媒产业公司，短时间内提高了公司的专业化水平，扩大了公司规模；同时，蓝色光标开始实施数字化和全球化的战略，在2011 2015 年期间投资收购了多家具有技术优势的移动广告企业，借助投资并购，蓝色光标再一次走上了快速增长的道路，成为一家营业收入百亿级、业务遍布全球的大型营销传播集团。2018 年 4 月，蓝色光标发布公告，将"北京蓝色光标品牌管理顾问服务有限公司"更名为"北京蓝色光标数据科技股份有限公司"，这也是其向数据科技企业转型的重要标志，是蓝色光标的第四次革新。当下数据科技的作用已经一步步覆盖到营销全链条，未来将会在营销领域有更多的应用场景，以大数据和人工智能为核心的 AI 技术将会变革整个营销领域，让营销变得更有智慧、更有价值。本书在此将对蓝标的数字化探索与变革稍做观照，以进一步阐释蓝标所具有的革新转型理念以及由此形成的竞争优势。

随着科技变革，技术创新热潮来袭，AI、大数据、区块链等成为提及率极高的热词。作为营销传播企业，蓝标面对这场已然形成的飓风，在探寻如何在科技浪潮中实现业务、产业的升级转型——走向智能营销成为业务升级、产业转型的必经之路。因此，蓝色光标凭借自身的数据和技术基因持续加深服务能力，拓宽服务范围，从资本并购的外延式发展方式进一步向外延加内涵式发展的智能营销传播阶段迈进。为了专注于数字营销传播和移动营销传播业务，蓝色光标于 2015 年成立了蓝色光标（数字）传媒板块，即蓝标传媒。蓝标传媒成立之初，便锁定三大业务方向——效果营销、品牌营销和出海营销。蓝标传媒成立的第一年，便收购了移动广告领域的两大领先公司——多盟和亿动，同时全资成立了专注于出海营销服务的蓝瀚互动。蓝标的举措促进了广告主在移动媒体、智能媒体的投放预算，进一步开发了自身的盈利空间。

蓝色光标重视在数字化传播和销售过程中所产生的数据，探索帮助提升营销自动化的新技术和新工具，利用人工智能与增强现实技术，建立完善的数据采集和分析系统，同时注重数据与隐私的保护。[①] 目前，蓝标已经发展成具有全球营销服务能力的智能营销集团，用数字与技术驱动着品牌传播与成长。

2018 年 1 月，联想控股旗下的考拉科技战略投资蓝色光标，成为公司的单一大股东，新的股东给蓝色光标带来的不只是业务协同上的新空间，更重要的是加强了蓝色光标最需要的数据和算法方面的能力。

2018 年 3 月 28 日，蓝色光标与拉卡拉宣布成立大数据研究院“昆仑堂”，双方将整合蓝色光标、拉卡拉、硅谷、行业专家、高校及科研院所的力量，着力打造智慧经营平台。

2018 年 8 月 4 日，蓝色光标发布营销行业内首个自动化人机交互产品矩阵——小蓝机器人家族，全面展示蓝色光标来人工智能领域的进展。借助 AI 技术，小蓝机器人让营销人从数据整理、素材分析等繁杂的工作中解放出来，聚焦到更具创造性的工作，这将极大提高营销人的工作效率。在智能营销时代，广告主希望用技术和数据不再是单单解决广告投放的问题，而是期待技术和数据帮助到全链条的营销决策。小蓝机器人家族产品，不仅体现了蓝色光标对技术独特的认知与强大的产品力，更体现了蓝色光标将“创意＋数据＋产品＋资源＋服务”全链条深度融合的行业竞争力。

---

① BlueFocus_China's-Global-Brands-2018-CN

　　蓝色光标的智能及大数据产品体现为三个主要板块："妙笔机器人"基于对数千万篇新闻内容的学习，能够模拟人工修整新闻稿件的标题、内文、图片、商品链接及延伸阅读等，且速度与效率非常人能及——基于一篇核心稿件，"妙笔"可根据不同媒体平台的风格，在 1 秒钟内编辑形成数千篇核心思想相同但格调差异明显的新闻稿；"鲁班跨境通"是出海电商一站式营销平台，能够通过 Facebook、Google 等媒体资源、平台技术积累以及营销方法论沉淀，为出海电商提供产品管理、素材及创意制作、定向管理、投放优化等方面的服务；智能创意辅助系统"蓝标在线"通过工具化、智能化、在线化的"营销大脑"和"开放平台"，为数以万计的中小企业提供体系化营销智慧和多维度落地辅助。

　　关于智能及大数据战略，蓝色光标的官方描述为"以大数据为基础，通过数据挖掘、数据整合、数据产品、数据应用及解决方案、数据服务，实现以商业智能为核信的端到端一站式整合营销服务，帮助客户建构商业价值，其核心是建构基于大数的智能营销平台"。

　　从蓝色光标的发展轨迹可以看出，它几乎精准地把握了中国自 20 世纪 90 年代末开始营销传播及包括 IT、互联网、汽车、快速消费品、房地产在内的相关产业的发展浪潮。正是因为蓝色光标基于行业前瞻性的思考与对变革契机的精准把握，推动着蓝色光标 20 多年的快速发展。蓝色光标从一家营销传播企业成功转型为以数据和算法为核心驱动的数据营销科技公司。

延伸阅读

蓝色光标国际获奖代表性案例

（一）戛纳国际创意节

自 2011 年，素有广告界奥斯卡美誉的戛纳国际广告节更名为戛纳国际创意节，转型为允许任何形式的创意传播成果的展示平台，但不变的是其综合性国际大奖的行业知名度与地位。

2018 年，蓝色光标集团旗下整合营销与创意公司 Cossette 为蓝标捧回了 1 个全场大奖、2 座银狮奖杯及 7 座铜狮奖杯。

Cossette 为麦当劳打造的"跟随拱门"（Follow The Arches）主题户外广告将金色拱门标志分解成四个方向性路牌，置于多伦多及周边人流量较大的区域，为驾驶人员提供相应指示，创意纯粹且极具标志性的广告牌令人耳目一新，进一步提升了麦当劳品牌的辨识度。该项目斩获戛纳户外类广告全场大奖，这是加拿大本土创意公司十余年来夺得的第一座全场大奖。

Cossette 擅长以感性的信息与价值传递打动目标受众，为加拿大病童医院基金会（SickKids Foundation）进行传播策划的公益性项目，该项目旨在召唤更多爱心人士关注重症儿童并积极参与公益捐赠。基于现实洞察，创作团队打破常规的公益慈善营销思维，以重症儿童为主角，打造了一支主题为《Undeniable》的公益广告片。该片一改重症儿童虚弱不堪、用眼泪求关注的刻板印象，展现了病童们与医生、护士并肩作战的坚强和勇敢，整个广告片充满抗争精神、治愈力量和丰富的想象力。项目还推出了一系列以病童为主角的海报，画面里的孩子们虽然均身患重疾，但浑身上下都充满着傲然面对一切的强大气场。

此次公益传播项目除了收获 5700 万次媒体曝光外，在线捐赠收入比率也有切实转化，产生了高达 695% 的增长，三个月募款额达 5790 万美元，成为 SickKids 基金会历史上最成功的传播活动。当然，该项目若能有明晰的主题，更易于被广大受众所认知与再度传播。

Cossette 为加拿大维亚铁路（VIA Rail Canada）公司创意策划的 40 周年庆祝项目也颇具亮点。维亚铁路公司 1977 年成立，主要提供长途和城际客运铁路服务，服务覆盖全国 8 个省份。维亚铁路公司 40 周年庆祝项目的创意始于 VIA 一辆已退役的老火车（这辆火车在过去的 40 年里行驶了 600 多万公里）。项目策划团队以此火车的车体钢材为原材料，打造了 40 张别致、见证公司历史的定制版纪念车票，并在全球范围内发起挑战赛。人们可通过购票及线上等方式参与该活动，获胜的 40 人将获得定制版车票，凭借该车票可以搭乘火车开启加拿大全境往返游。通过这种富有意义的方式，让这列历经沧桑、载满风尘、见证变迁的老火车延续它的生命，传递品牌可持续未来的主张。

蓝色光标于 2015 年首次参加戛纳国际创意节，集团旗下子品牌 We Are Social 凭借 Hello Play!For Hello Bank! 作品获得两座铜奖，由此开启了蓝色光标的戛纳之旅，也是其进一步国际化之旅。

（二）One Show 国际创意节

1973 年，One Show 广告节在美国正式确立，并吸引了全球广告创意人员的积极参与。现今，One Show 已成为广告及营销传播领域里最具影响力的国际赛事之一，注重作品的创意水准，吸引 70 余国家和地区近 30000 件作品参与角逐。One Show 国际创意节活动包括 One Show 各大奖项评选、青年创意竞赛和学生作品展，以及为时 7 天的国际优秀广告人互动活动。

2016 年 5 月，在 One Show 国际创意节上，蓝色光标为客户百度创意完成的"'See You Again，加德满都'·百度全景尼泊尔古迹复原行动"项目获得互动奖单元银奖，是中国大陆地区企业在该届 One Show 国际创意奖项上取得的最好成绩。

百度全景尼泊尔古迹复原行动的创意源于对现实世界的精准洞察与深刻

解读。2015 年 4 月 25 日，尼泊尔发生地震，造成巨大损失，尤其是位于首都加德满都等地的多处世界文化遗产古建筑群遭到严重损毁。正是在此重大事件后，蓝色光标数字营销机构为客户百度发起了全景复原尼泊尔古迹行动。活动顺应传播方式、沟通方式及营销方式的变革，以被全球关注的、地震中被损毁的世界文化遗产建筑为洞察切入，调动百度技术团队搭建底层技术根基、构建产品框架，用百度领先全球的全景技术做支撑，以网民上传照片支持复原为创意，通过收集全世界游客在尼泊尔拍摄的照片资料，运用百度地图全景技术对遭到损坏的尼泊尔古迹进行数字化三维还原，并将其在互联网空间里展现给全球用户。同时，通过 H5 设计制作将项目打造成社交传播，将古迹永久保存在虚拟的数字空间。

该项目上线 8 天即收获 20 余万份 H5 和 PC 端页面浏览量，收到海内外网友上传的尼泊尔古迹相关照片 42108 张，对尼泊尔地震损毁的 8 座古迹进行了数字化复原。

活动将品牌特点与事件相结合，让海内外受众对百度技术的成熟度有了更深刻的感知与了解，建立起对百度的品牌理解，呈现出商业实效性、社会公益性、科技创新性、专业权威性及全球影响力，提升了百度在全球范围内的关注度。该项目也引发国内外媒体的主动报道，被称为技术引领的数字化驱使下"实效"营销的有效融合。该项目同时还赢得了 2015 年大中华区艾菲奖的全场大奖、年度评委会特别推荐大奖以及企业声誉组金奖。

（三）大中华区艾菲奖

艾菲奖设立于 1968 年，是全球专注于以实效为评估标准的营销传播国际奖项。2003 年，中国广告协会引进艾菲奖，并将之和中国国际广告节同一时期举行。自 2017 年起，艾菲奖开始独立举办。

2020 年，蓝色光标为其客户奥利奥策划的主题为"玩心不变，玩出无限"的营销方案获得大中华区艾菲奖食品与零食行业类铜奖。

在 2020 年天猫超级品牌日之际，奥利奥携手周杰伦，希望能够在娱乐中诠释品牌的新内涵。奥利奥作为玩心催化剂，力求激发成年人潜藏的玩心，拉近人与人之间的距离，让亲子、情侣、亲友等各类型关系的人们能够更快乐地在一起玩耍。活动之初，"周杰伦 × 奥利奥无与伦比艺术展"全面亮相于上海徐家汇地铁站。其中，巨幅的周杰伦经典形象是用超过 5 万块真实的奥利奥饼干拼制而成，艺术性地再现了《JAY》《叶惠美》《我很忙》等经典专辑的封面，完美复刻了一代人的青春记忆，徐家汇地铁站瞬间成为大众争相打卡晒图的"网红地标"。

截至 2020 年，"奥利奥 × 天猫超级品牌日"活动已成功举办五年。其间，奥利奥在年轻人和年轻家庭中"好吃又好玩"的品牌资产和年轻时尚、适合分享的形象得以不断强化，以不断变化和升级的新产品、新玩法来塑造品牌精神，同时配合有震撼性的营销活动来触发热点话题，以惊喜回馈消费者。"奥利奥 × 天猫超级品牌日"真成为消费者、奥利奥和天猫玩在一起的狂欢日。

多年来，京东、网易、百度、华为、飘柔等诸多蓝色光标的客户相关项目赢得大中华区艾菲奖美誉。

（四）亚洲公关大奖（PR Awards Asia）

亚洲公关大奖是由《PR Week》和"Campaign 亚太"联合举办的，致力于为亚洲公关行业内的优秀从业者、团队以及企业提供充分展示和分享卓越项目和杰出成果的平台，遴选出亚太区域优质的公关及传播案例。

蓝标为腾讯策划执行的"超级企鹅篮球名人赛"之"热血涂鸦球场"跻身亚洲公关大奖体育营销类入围奖。"超级企鹅篮球名人赛"是腾讯体育主打的高规格篮球赛事，项目核心是"向 NBA 名人赛看齐"，在会聚顶尖篮球明星的同时，跨界邀请娱乐大咖参与，旨在将篮球文化与国内的热点人物相结合，带动广大粉丝群体对篮球文化的关注，打造腾讯体育在受众群中的曝光度。

2017 年度的"超级企鹅篮球名人赛"以"热血涂鸦球场"为主题，在中国的"街球圣地"上，打造了中国首个实地涂鸦、面积最大的篮球场，以红色和蓝色作为主色调，凸显"红蓝对抗"的主题，还在涂鸦中植入各明星的名字、球衣编号、经典动作等象征元素，作为与粉丝"互动"的符号，邀请粉丝对其象征意义进行猜测，鼓舞粉丝前往球场进行观看，甚至是参与合影、迷你赛等项目。

该活动通过长达两个月的预热以及与粉丝群体的高度互动，产生了往年不可比拟的传播力。项目以其"体验式""参与式"的特性，打造了前所未有的活动热度。蓝标用新的表现方式，通过篮球与娱乐两个不同领域间的互相渗透，引发海内外文化的交流与碰撞，最大化地攫取受众的兴趣点，以此融合其余元素的影响，以寻求不同群体间的相互理解，通过各自的社交自传播激发对话与沟通，以实现篮球文化与涂鸦文化在国内的发展，同时也向海外受众营造超级企鹅的创新精神与腾讯体育的品牌形象。

蓝标还助力万艾可的"性福中国蓝皮书"项目获得 2015 年度亚洲公关大奖健康医疗类年度传播战役类别金奖、太古汇三周年"臻爱 383"项目获得 2015 年度最佳视频应用类别金奖。前者属于公益营销，基于对两性教育的普及，结合男性健康万里行活动，线上线下与权威机构同步展开"性福大调查"，并力求大家对两性问题的观念发生转变。同时，项目通过打造热点事件，将万艾可的品牌形象植入其中，实现诠释产品内涵与创建品牌联想的双重效应。后者在广州太古汇开业三周年之际，打造《臻爱 383》"微电影×音乐剧"创新艺术项目，以多元艺术手法精心呈现时尚生活方式。音乐剧以"百老汇式现代音乐剧"的风格，延续了微电影的浪漫唯美氛围，时尚与艺术一直以多种丰富的形式跨领域合作，共同引领现代人的生活形态和精神体验，而"体验"恰是太古汇这一时尚空间的核心。

（五）"金刀奖"（SABRE AWARDS）

SABRE AWARDS 全称 Superior Achievement in Branding, Reputation & Engagement Awards，即品牌和声誉管理杰出成就奖。因其缩写"SABRE"英文为"军刀"的含义，故业界多称之为"金刀奖"。该奖项由全球权威公关行业咨询媒体机构 PRovoke（原名 Holmes Report）主办，是旨在嘉奖在品牌和声誉管理方面取得杰出成就的项目、公司和个人的专业奖项，分别在亚太、北美、南美、欧洲—中东—非洲、非洲几大区域独立举行赛事，每年吸引全球 60 余个国家近 5000 个项目参赛，是全球最重要、最具竞争力的行业奖项之一，有"公关界的奥斯卡金像奖"之称。IN2 SABRE AWARDS 是 SABRE AWARDS 奖项体系中为表彰在多媒体内容创作方面取得卓越成就与创新而设立的子奖项。

近年，蓝色光标在斩获 SABRE AWARDS 奖项，尤其是 IN2 SABRE AWARDS 方面，表现不俗。宝洁及 Libresse 薇尔更是凭借对女性的关注与尊重而俘获受众心智。宝洁以"女人自私才能活成诗"为主题的项目获得 2019 年度亚太 IN2 SABRE AWARDS 的金奖，Libresse 薇尔以"月经不隐藏"为主题的态度营销案例获得 2020 年度亚太 IN2 SABRE AWARDS 最佳影响者营销类金奖。

2019 年三八妇女节之际，蓝色光标为宝洁中国洗护发品类打造了一档兼具品牌形象焕新及刺激商超销量双重目标的整合营销传播活动——提出"女人自私才能活成诗"的创意概念，鼓励女性尽情挑选个性化高端洗护产品，释放自己追求"如诗般生活"的内心渴望。项目邀请在 80 后、90 后家庭主妇们中认知度及认可度双高的著名词作者方文山共创"自私情诗"，并针对全品类产品特点创作"洗护发感受宛若诗境般美好"的全新形象海报，以小程序互动、LBS 引流、全国过千商超诗展等连番线上线下互动，形成 O2O 营销及传播的闭环。活动收获了 4000 万次的品牌曝光量，使女性消费者重新认识了宝洁洗护发品类的高端产品线，也为宝洁创造洗护发线下渠道销量增加超过 120% 的佳绩。

Libresse 薇尔源自瑞典，历史悠久，是专门生产、经营女性卫生巾的国际品牌，也是首个在卫生巾广告中使用红色液体来表达经血的全球性女性先锋品牌。蓝色光标旗下的蓝标数字广州是该品牌的代理商，为品牌的"先锋基因"落地中国市场进行定制化服务，多次打造了冲击传统语境下对月经的偏见观点的营销传播运动。2020 年，品牌推出"月经不隐藏"这一全新品牌精神，携手双金影后周冬雨，借 5 月 28 日"国际月经日"的时间点，通过一个新女性代表代言人与一个新女性主义品牌的观点碰撞，引发目标人群融入事件进展，助力 Libresse 薇尔引燃"开口谈月经"的女性意识觉醒，进而激发起女性强有力的态度营销。如果说周冬雨的发声是吸引关注的头部力量，那么全社会女生的共同发声则是蓝标数字期望为品牌实现全民代言的真实力量。

"月经不隐藏"话题点燃了全网女性的共鸣，吸引广大网友自发参与传播扩散，其中包括大量真实消费者勇敢站出来直言月经并分享自己的经期故事。该项目上线一周即实现 2.5 亿人次的话题曝光量，单条视频播放近 1500 万次，100 多家微信、豆瓣社媒账号进行了自发传播。

上述两个案例仅为蓝色光标赢得 SABRE AWARDS 的"冰山一角"。玛氏箭牌的主题为"垃圾投进趣"的项目、京东的主题为"JOY 与锦鲤"的品牌形象片，均获 2019 年 IN2 SABRE AWARDS 的金奖，vivo 主题为"iQOO 强悍担当"的项目获 2020 年 In2 SABRE AWARDS 品牌类佳作奖，伊利的"成长发现之旅"主题项目获得 2020 年 SABRE AWARDS 最佳模因病毒式营销奖……

（六）亚太公关大奖（Asia – Pacific PR Awards）

亚太公关大奖由亚洲专注于媒体、广告以及市场营销的行业刊物《Media》举办，来自公关、广告、管理咨询、数字营销等领域知名公司参与，是亚太地区公关行业较有影响力的行业赛事之一。

2012 年 3 月 30 日，蓝色光标为客户联想策划执行的"微公益"主题项目获得 2011 年度亚太公关大奖，在数字营销类作品中获得杰出表现奖。之所以能够获得该奖项，得益于"微公益"项目一贯严谨务实的策划与执行。

联想"微公益"项目希望激发人们发掘身边微小的社会需求并积极将爱心付诸于行动；鼓励大家借助微博等新媒体传播平台，吸引公众关注身边的公益，携手汇聚形成大爱。2007 年，联想启动公益创投计划，为草根公益组织提供资金和能力建设支持。作为公益创投计划的延续，2009 年和 2010 年，联想集团连续实施了两期青年公益创业计划，帮助青年人在公益领域创业和就业。

2011 年，该项目进一步深化，组织发起"微公益"大赛，以"微公益 做不凡"

为主题，面向社会公开征集缩小数字鸿沟、环保、教育、社会发展四个领域的微公益行动，从中选拔优秀公益实干者，为他们提供专业公益培训、知名公益项目实践机会、公益资金等关键支持，让微公益行动惠及更多人群。"微公益"大赛以创新的平台和新颖的理念，引发广泛关注，收到41000份参赛作品，获得520万人次的浏览。300多位社会各界名人踊跃转发微博，传播微公益理念，大赛还得到了国际知名导演贾樟柯的特别支持，担任监制拍摄了三部以联想支持的公益团队为主题的微电影，真实记录了草根公益团队的发展历程，这也是国内首部公益微电影。

第三章　蓝色光标的国际化运作

本章主要探讨是哪些因素使蓝色光标这家中国本土的公关公司产生了进军海外市场的想法，又是哪些力量促使宏图展卷成为现实？其间，有哪些因素是具有普适性的，能够对其他传媒企业出海产生启发意义。

第一节　国际化契机

一、外部环境

蓝标进军国际市场的促发因素是由外部环境和内部驱动力共同构成的。20世纪80年代，中国开始施行改革开放的政策，在世界范围内，经济全球化正在成为支配世界发展的新趋势。改革开放与经济全球化便是蓝色光标一路发达并能够进军国际的两大主要宏观外部环境。

（一）经济全球化

经济全球化是各国、各地区的经济相互联系、相互依赖的一体化过程，表现为资本、技术、信息等各类生产要素在全球范围内的流动和配置，进而带来贸易自由化程度提高、金融国际化趋势增强、全球生产经营网络的形成、区域经济一体化的纵深，世界经济步入了飞跃性的发展轨道，等等。以跨国经营的企业来举例，其将全球各地的供应商、承包商、分销商以及战略联盟伙伴联系在一起，通过分工合作组建起以自身为核心的全球生产网络，并将产品生产的完整过程分散为各个模块并由不同的国家或地区完成，确保每个模块在全球范围内达到最优配置，形成垂直专业化的分工体系，从中获取更优效益。跨国企业的这些行为日益打破企业之间、地区之间乃至国家之间在各个环节上的时空局限，资源配置也可以基于全球视野来进行，经济体彼此之间的经济活动关联度变得空前紧密。

经济全球化是不可逆转的历史潮流，并且是一个较为漫长的动态发展过程。经济全球化之所以能够成为不可逆转之势，首先与西方发达国家的积极主导密切相关。以美国为代表的发达国家经过两三百年的高速发展，国内市场愈加成熟、竞争愈发激烈，且一些产业领域趋向饱和，于是需要将产品销售至更加广阔的市场；更为重要的是，他们意识到，在广域的欠发达的国家和地区，蕴含着丰富的自然资源、拥有大量的廉价劳动力，这有利于他们节省国内有限的物质及人力资源，有利于整体降低制造成本。于是，在形成低成本、高获利的预判后，发达国家鼓励企业走出国门，在欠发达国家或地区建立市场网络，将国内过剩的商品销售到这些市场；另一方面，发达国家鼓励企业将那些劳动力密集型、自然资源密集型、易产生环境污染的产业转移至欠发达国家或地区，在实现利益最大化的同时，不断降低这些产业对自身的负面影响。可以说，西方发达国家既是经济全球化的推动者，更是最先一批受益者。据联合国相关机构 1994 年的统计资料，当时全球有 4 万家跨国企业的 25 万家子公司渗透到世界各个国家和地区的经济领域和产业部门，并控制了全球生产的 40%、全球贸易的 60% 以上[①]。

经济全球化使一些发展中国家、欠发达国家和地区有不同程度的获益，给这些国家带来了丰富的商品市场及更多的就业机会，他们的初级产品的出口量也不断增加，产生了一定的外汇收入。但另一方面，这些发展中国家的出口产品主要集中于农产品、原材料、能源、矿藏等初级品，这类出口产品

---

① 李长久. 经济全球化的进展、内涵和影响 [J]. 世界经济，1997（7）：55.

的利润很低；发达国家将初级品进行加工生产，形成品牌化、精细化的制成品，再进入发展中国家市场时，其价格远远高于初级品，出口与进口之间就形成了巨大的贸易"剪刀差"。

（二）改革开放

党的十一届三中全会的召开，标志着我国开始了以经济建设为中心、施行改革开放的发展方针。对于刚刚打开国门、正在举步迈向新历史发展阶段的当代中国而言，经济全球化所带来的同样包括上述的利益以及损耗。令人欣然的是，中国通过不断发展与改革、探索与调整，在正视和理性应对自身资源、环境等方面的巨大消耗的同时，努力激发自身顺应经济全球化的能动性，积极参与世界贸易组织，扩展与他国的贸易投资合作。尤其是2001年加入世界贸易组织以来，我国顺应经济全球化趋势，不断扩大对外开放和深化市场经济体制改革，向西方学习先进的生产、经营、管理乃至社会治理经验，在积极的全方位、多层次、宽领域地参与经济全球化中较好地利用机遇，减少了冲击，实现了经济的快速发展。进入21世纪后，与世界经济的持续磨合与接轨使我国商品经济市场不断完善，国有企业、民营企业、中小型企业得以相互促进、共生发展，中国的经济迅速发展，经济实力和综合国力不断增强，国际分工地位不断提高，人民生活水平和国民福利得到了实质性的改善，中国实现了人类历史上最快的经济发展和最迅速的经济崛起。

改革开放激发了全民全社会发展经济的潜能，尤其在发展农村经济、乡镇企业、特区、私营经济及金融证券等诸多方面带来了翻天覆地的变化。思想的解放带来政策松动以及财政支持，这些都直接或间接地促进了中国经济体制朝着更加多元和有活力的方向发展，资本、技术和劳动力等要素市场迅速发展，市场体系建设持续推进。在公有制经济进一步发展的同时，私营、个体经济有了较快增长，民营企业数量在一次次的机遇与挑战中逐步成长壮大起来，成为国民经济发展的重要组成部分和社会主义市场经济的主力军。进入21世纪之后，越来越多的民营企业开始将经营视野扩展至海外市场，有了出海的决策与行动，希望进一步促进自身在技术、资源等领域的全球化。

民营企业的出海，对国民经济的发展、国家形象的构建具有积极良好的促进作用。2013年7月13日，国家商务部等13部委联合下发了《关于鼓励和引导民营企业积极开展境外投资的实施意见》，明确支持有条件的民营企业到境外具备条件的国家或地区开展高新技术、先进制造业、农业、服务业等领域的投资，建立海外营销网络、物流服务网络。这是一项非常明确的激励政策，激发许多民营企业加大了出海的考量与步伐。

此外，"一带一路"倡议也为中国企业的国际化发展带来了更加广阔的市场机遇，越来越多的企业开始投身于除西方发达国家之外的"一带一路"沿线国家。"一带一路"沿线国家覆盖总人口约46亿，国内生产总值总量高达20万亿美元，这些国家大多具有可观的市场需求及良好的市场发展潜力。中国企业出海数量的增加以及步伐的加快都在客观上促进了企业的营销传播代理商随之跟进，将业务发展到相关的国家或地区。

二、内部驱动力

（一）满足自身机体成长需要

蓝色光标2012年被评为亚洲最大的单体公关公司，评选依据包括年度营业收入以及员工人数等硬指标。蓝色光标接下来该如何发展？继续稳稳坐在亚洲公关业内的第一把交椅上稳步向前？继续大刀阔斧地并购国内的上下游企业？抑或是有第三条道路？如果选择第一条道路，稳妥地保有、壮大客户及业务的同时，蓝标将会很快触摸到自身成长进程中的天花板，减缓进一步前进的步伐；在国内市场迅速发展、竞争日益激烈、国际营销传播巨头业已形成各自布局和可观业务体量的情况下，也不是没可能"被拍在沙滩上"。如果选择第二条道路，将可能出现同质化的重复性收购，原因在于蓝标以往的收购基本已将地产、游戏、户外、院线等细分领域的传统广告及数字营销传播所涉及的上下游业务范畴囊括在内，继续在国内扩张的回报率十分有限，加之上市三年的蓝标需要向融资市场、向股东们呈上一份更令人振奋与增加信心的答卷。

　　蓝标选择了第三条道路：走出中国，去外面的世界，发现市场进入的可能性与路径。之所以有如此决策，应该源于如下考量——

　　一方面，营销传播代理属于融知识密集型、人才密集型、技术密集型为一体的服务行业，对知识、人才以及技术的要求较高。尤其是人力资源方面，可谓是营销传播公司的核心资源，管理团队及业务人员的稳定性是保持和提升公司竞争力的关键要素，将直接影响公司业绩。相较于我国而言，国外营销传播代理行业的发展时间较长，行业规则比较完善，行业集中度与市场化程度都较高，以人力资源为首的"三密集"都得到了较好的体现。在国内，蓝色光标已是本土营销传播行业中的翘楚，但在国际上的知名度还较小，行业内融合与交流都还比较有限，跨国经营理念、国际品牌服务经验与跨国巨头相比依然存在差距，蓝标需要通过进军国际市场、拓展国际业务来博采众长，吸纳优秀的国外营销传播机构加入蓝标，缩小自身与跨国营销传播集团在实力、经验、策略以及全球视野的经营和发展理念上的差距，从而扩大公司对于人才、技术、知识的兼容性，不断增强自身实力、不断赢得国际品牌与跨国客户，开拓更大的市场。

　　另一方面，作为营销传播代理服务商，蓝色光标是乙方，其甲方往往是企业主、品牌方或者相关社会组织。蓝标以往的客户主要为两大类，其一是中国本土的企业主或社会组织，其二是进入中国市场发展的跨国企业、品牌方。为了进一步增强对既有客户的服务能力以及对潜在客户的吸引力，尤其是帮助本土客户进行在海外的业务拓展，蓝标需要在业内进一步扩大知名度与影响力。而扩大自身的业务活动半径，让自身更加国际化应该是一个理性的选择。

　　因此，蓝标需要走出国门，去了解不同的政治、经济、社会、科技及文化环境下的国外市场，进而随着了解的加深及自身实力的提升，进入国外市场、参与市场竞争、开展具体业务。

　　（二）满足甲方"出海"需要

　　2001 年 12 月 11 日，中国正式加入 WTO，这标志着中国的对外开放进入了一个全新的阶段,与国际的接轨将会更加彻底。

中国加入 WTO 意味着我国必须遵守 WTO 关于市场开放的国际规则。随着市场准入的扩大、关税的削减和非关税措施的取消,更多的外国产品、服务和投资进入我国市场,这使中国企业或行业经历了激烈的竞争和严峻的挑战,部分企业在前所未有的竞争中出现了关、停、并、转,黯然离场;融入以规则为基础的多边贸易体制,也意味着市场和资本的进一步扩大,有利于中国社会主义市场经济体制的尽早确立;压力更是促使国内相关产业、行业提高它们竞争实力的动力——经过阵痛与挣扎,更多的企业经受住了挑战,变得更加坚韧与强壮,具备了与跨国企业在国际舞台同台竞技的真正能力。

随着中国经济的持续快速发展以及中国企业竞争力的增强,国家开始激励中国的各类型主体走出国门,去主动参与国际竞争。我国逐步将"走出去"提升至国家战略高度。① 党的十七大报告中明确提出"坚持对外开放的基本国策,把'引进来'和'走出去'更好地结合起来……形成经济全球化条件下参与国际经济合作和竞争的新优势",更是标志着我国"走出去""引进来"的双向开放向纵深发展。"走出去"战略的制定是我国发展开放型经济、全面提高对外开放水平的重大举措,也是我国进一步参与和推进经济全球化的表现,更是我国促进与世界各国共同发展、构建人类命运共同体的路径探索。

在国家的宏观战略激励下,加之中资银行全力支持中国企业"走出去",以及全球金融危机导致海外资产估值普遍偏低,我国企业迎来国际化发展的良好契机,越来越多具备"走出去"实力的中国企业制定了有计划、有步骤的进军国际市场的策略规划,并付诸高效率的行动,我国进入大规模海外直接投资阶段。早期的"走出去"企业多为央企、国企,他们进军国际市场的主要目的是向海外寻求更充足的能源、资源及原材料。随着产业升级与结构转型,中国企业在海外的发展目标转向更加注重获取先进技术、品牌、市场以及进行产业链整合等方面,且非国企、非央企以及民营企业"出海"的比

---

① 易刚 . 中国企业走出去的机遇、风险与政策支持 [J]. 中国市场,2012(9):31-38.

例也不断上升，如联想、吉利、TCL、华为、上汽集团、中国平安等。

除了国家政策大力支持[①]这一激励因素外，企业自身的转型升级需要以及"估值差距"等因素都促使中国企业"出海"需求日益强烈，"走出去"的步伐明显加快，先后有中国化工、中国海航、北京控股、美的集团、海尔、腾讯、国家电网、海航集团、洛阳铝业、兖州煤业、万科等掀起新一轮中国企业"出海"热潮。2015年中国非金融类对外直接投资额为1214.2亿美元，2016年达到了1701亿美元。

随着全球化布局，中国企业也有可能遭遇各类型的风险，其中不乏因不了解东道国在经济、政治、法律及文化等方面的差异而导致的营销及传播风险，因而，市场对公关公司的专业化、规范化以及国际化提出了更高的要求。这就需要具有营销传播专业能力的公关公司可以与中国企业并肩，一同走出国门，帮助中国企业合理规避潜在风险或及时化解已经发生的问题。从国内来看，具备这方面实力的本土公关公司、营销传播机构屈指可数，如何利用自身优势，通过创新手段，帮助更多的中国企业走出去，以专业实力与国际视野来满足甲方的"出海"需求，不仅是蓝标的业务领域，也是蓝标的社会责任与使命担当。

（三）满足行业发展需要

伴随着改革开放的脚步，中国公共关系行业日益呈现出规范化与专业化，呈现出良性竞争、稳步增长的发展态势，公关的服务领域变得更加广泛和深入，市场对公关的需求也在持续增加。以2018年为例，整个市场的年营业规模达到627亿元，年增长率为11.9%[②]。公共关系的内涵与外延在不断扩大的同时，数字营销时代下跨界与融合渐渐成为公关行业的新常态。

---

① 《中华人民共和国国民经济和社会发展第十三个五年规划纲要》提出"在国际发展竞争日趋激烈和我国发展动力转换的形势下……要培育发展新动力，拓展发展新空间"。

② 数据来源于中国国际公共关系协会（CIPRA）发布的《2018年度中国公共关系业调查报告》。

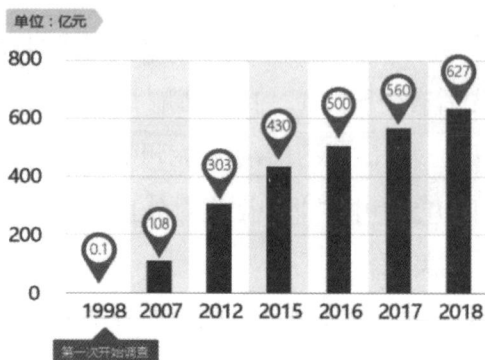

图3-1　摘自CIPRA《2018年度中国公共关系业调查报告》

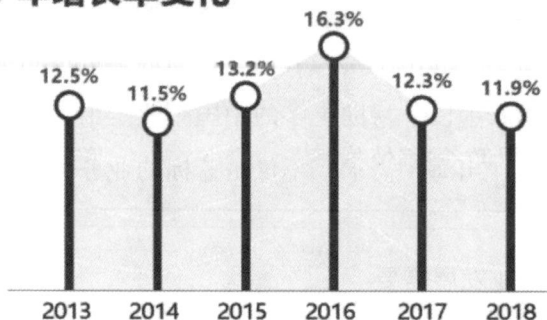

图3-2　摘自CIPRA《2018年度中国公共关系业调查报告》

公关行业发展前景广阔的同时，动态的、跨界的竞合给公关业带来的挑战也不断升级。首先，"一带一路"倡议的深入推进使公关行业在面临更多机遇的同时，如何突破区域性制约，在"一带一路"沿线国家传递美好精彩的中国故事，也成为中国本土公关公司应直面的一大挑战；其次，科技进步日新月异，如何更好地利用科技力量服务于公关，创造更有价值的内容，进行更精准的互动，是中国本土公关代理机构需要担当的另一个长期课题；最后，公关公司在业内资金结算方面处于劣势，影响了公关公司的资金回流，加之外部融资困难重重，都有可能增加公关行业进一步发展的难度。

蓝色光标作为中国本土优秀公关公司的代表，不仅承担着自身企业不断前行的责任，也承担着维护中国公关业整体持续、良好运转的社会责任，其企业行为对中国公关业具有一定的示范及带动作用。中国公关行业的发展需要蓝标这类影响力较大、专业性较强的企业予以顺应与配合，这样才能够顺利应对各种机遇与挑战，使中国公关行业朝着既定目标有序发展。

第二节　国际化路径

蓝色光标一直秉持并实施营销传播服务行业"全产业链"布局和"国际化"战略。蓝色光标通过投资、并购等市场行为快速扩张并成立蓝标的海外专门机构"蓝标国际"，成为中国唯一一个拥有全球业务网络的本土营销传播企业。经过历时性梳理与共时性考量，本书认为蓝标主要通过两大路径向国际市场进军并一步步成为跨国营销传播集团。

一、助力中国政企海外发声

本土公关公司走出国门，是跟随中国企业走向海外、布局全球的步伐，这一趋势不可逆转。[①] 作为代理服务商，蓝色光标的发展轨迹是伴随着为甲方提供有价值的服务而展开的。中国企业及政府组织"走出去"的客观因素、主观意愿以及实际行动都越来越成熟、鲜明，中国政企需要在国际环境中不断建构自身及产品或服务的良好认知与形象，就需要能够提供营销传播专业服务的公司代表这些政府机构及企业发声，并进一步开展专业的组织形象塑造与传播、品牌建设及运营等活动。

从蓝色光标近年的发展来看，用极具中国文化特色的词汇"娘家人"来形容蓝色光标所承担的角色是恰当的。首先，蓝色光标集团于 2013 年在美国硅谷组建蓝标国际，并赋予蓝标国际"为中国企业'出海'保驾护航"的

---

① 编者. 国际化的步伐才刚刚迈出 [J]. 国际公关，2013（5）：2.

责任与使命。众所周知，无论是在发达国家市场还是新兴经济体市场，中国政企都有出现"水土不服"现象的可能，一旦中国企业或其他社会组织在进入新环境后遭遇因政治法律、社会文化等方面的差异而产生的障碍或危机，蓝色光标会在第一时间为客户分析处理相应的问题，以全球领先的智能化整合营销传播能力解决中国"出海"政企的困难。其次，成立蓝标国际后，蓝色光标致力于为"出海"的中国政企提供度身定制的个性化精准助力，正在或行将"走出去"的中国企业提供甲方所需的品牌战略咨询、数字创意制作、电商运营、CRM等领域的高水平、专业化服务，帮助这些政府机构或企业能够更快地熟悉和适应国际或东道国的新环境，使其能够顺利地被国际或东道国市场所认可和接纳。

（一）以"保驾护航"为使命

对于中国政企而言，在初入东道国时，大多缺乏对该国或地区的系统考量，尤其缺乏对当地的政府态度、营商环境、行业组织、传播媒介、竞争对手、目标受众等的全面观照和客观分析。而现实情况往往具有如下特点：一是东道国政府和民间存在不同程度的排外心态、贸易保护主义，对他国的政府行为、企业行为、外资、外来品牌有相应的约束与限制；二是在已形成固有认知、刻板印象、品牌偏好和消费习惯的东道国受众看来，新进当地市场的中国政企是"外来者"，缺乏在当地市场的交流或运作经验，而且一些民众常把中国产品及服务与"劣质""廉价""不安全"等负面印象感性地联系在一起，因而不会选择主动接受这类"新面孔"；三是对于东道国市场的竞争对手而言，中国企业有可能被认为是抢占当地资源、市场及就业机会的"入侵者"，因而形成排斥与抵制；四是部分西方主流媒体、海外媒体对中国相关议题的报道不尽友善与客观，对中国企业、品牌及政府机构等相关社会组织具有消极影响。一旦个别"出海"项目在东道国出现沟通不畅、运作不佳，往往会波及其他的中国社会组织，对其在当地的有序发展带来负面的连带作用。

在这样的社会语境之下，中国政企固然需要培育与提升自身的相关能力——本土化意识和融入当地的能力；防控和应对突发事件、非经营风险及媒体负面报道的能力；议程设置及舆论引导的能力；长期的品牌构建与传播能力；等等。因此，在政企提升自身相关能力的同时，由专业机构加以引领与协助是十分有必要的。

（二）以"精准助推"为目标

中国政企向国际进军的共识性初衷是向世界、向目标国家或地区推介自己，在互通有无、和谐共处的前提下，进一步参与国际竞争与合作，不断将自身锻造成具有国际竞争力的组织品牌、企业品牌、产品/服务品牌。其中，政府机构往往是为了向目标国家的受众展示自身的良好形象，打造组织/城市的知名度，从而吸引有识之士来投资、旅游，开展各领域深度合作等；中国企业走出国门的主要目的是向国际市场推广自身的产品或服务，扩大产品销量及市场份额，增强企业在全球范围内的竞争力与影响力。对于甲方而言，除了充分准备优质的产品、服务，富有吸引力的硬件、环境及软件、制度等要素以外，还应当具备积极的营销传播策划和创意能力。前者往往是甲方自身进行储备，后者则往往由甲方委托专业的营销传播代理机构来执行。

为了更好地帮助中国政企在目标国家或地区落地扎根、开枝散叶，首先，蓝标集团为旗下蓝标国际组建了强大阵容的全球化专家服务团队，覆盖美洲、欧洲、中东以及非洲，团队中的很多专家也是蓝标集团高级管理层的重要成员，承担着运营总监、客户总监、战略策划总监、执行创意总监等重要岗位。其次，经过若干年有计划的资本运作，蓝标已在海外布局了全产业链的业务网络，涉及工业设计、大数据、智能化购买、社会化媒体营销等，为中国企业提供整合的线上线下的全线营销服务。最后，蓝标根据中国企业进行国际市场营销的普遍规律，并结合不同客户的差异化需求，总结归纳了三大类阶段性服务，并相应地构建了蓝标服务客户的框架性内容。

表3-1 蓝色光标集团客户服务概况[①]

甲方所处阶段	甲方市场目标	蓝标服务的框架性内容
起步	建立品牌形象	本地服务团队，嫁接海外洞见：国际新市场进入及传播战略咨询，协助企业全方位制定海外传播所需策略、设计流程及搭建团队
进阶	尝试海外发声	本地团队关注需求，海外团队呈现服务：协助企业进行品牌中枢管理，突破海内外沟通壁垒，顺利对接海外服务团队
整合	自如全球传播	海外顶级团队策划及执行：为企业的海外传播引入真正来自当地市场的洞见、策略、资源及渠道

针对"出海"政企对东道国的社会环境、市场环境、目标受众熟悉程度有限的问题，蓝标国际团队帮助客户进行全面深入的市场调研。为了确保高效的市场开拓，消费者调研至关重要。消费者调研需要涵盖全面深入的市场信息、扎实可靠的研究数据以及文化理解。如果不能全面洞悉海外环境，企业将因此承担有形或无形的损失。中国企业规模化出海已是大势所趋，而品牌的国际传播则是成功的必要前提，进行海外品牌扩张的企业都需要吸引、打动国际受众并赢得他们的信任。实施"走出去"方略的城市品牌、政府机构推介也同理。

除了必要且充分的调研以全面了解目标区域的营销及传播环境之外，蓝色光标根据客户的营销目标，为客户提供包括成熟权威的媒体关系、丰富的明星及意见领袖、有影响力的国际性展会、全球知名地标建筑媒体等在内的全球联动的传播资源，创意策划并执行定制化360度全方位服务。

根据蓝色光标的年度海外传播调研报告，中国品牌的海外传播在情感联系、诚信和消费者互动三个方面仍面临挑战。在受众接触方面，只有6%的美国消费者表示能够非常频繁地看到中国品牌的信息；海外受众对中国品牌的产品质量基本认同，中国品牌在创新领域的努力得到了部分海外消费者的认可，年轻的海外消费者更倾向愿意选择中国品牌，等等。但是，多数海外消费者认为中国品牌缺乏透明度和可持续发展观念，认为中国品牌缺乏与终端消费者之间的情感互动和连接，对中国品牌的信任与好感度还不高[②]。

---

① 作者根据蓝色光标集团提供的资料整理而成。

② 蓝色光标中国品牌海外传播报告，2019：11.

　　针对更加具体的、具有代表性与普遍性的营销传播瓶颈，蓝色光标出台了更加细化的五类典型海外传播服务帮助中国企业"走出去"，分别是基础广告沟通服务，内容包括产品工业设计与品牌设计、市场研究与分析、外网站设计搭建与企业宣传片拍摄、制定危机管理手册、发言人培训；社交媒体传播服务，内容包括制定海外社交媒体平台维护手册、制作社交媒体传播素材、社会化思考、创意思路和视频拍摄与制作、意见领袖合作、社交媒体购买及 SEO；媒体深度沟通服务，内容包括建设海外信息传播平台、分析利益相关群体、搭建核心媒体库及维护媒体关系、媒体深度采访及媒体工作坊、广告投放；海外展会服务，内容包括会议赞助沟通、发言内容规划、活动支持、行业媒体圆桌会议；海外 IPO，内容包括维护投资者关系、财经媒体合作、海外 IPO 路演、新品发布会、北美以及亚太、欧洲地区活动支持等。

　　截至目前，蓝标在海外服务的中国客户涵盖政府机构、技术、金融汽车和消费电子等众多行业领域。具体而言，蓝色光标服务的中国政府机构包括文化和旅游部、江苏省、四川成都、福建平潭等；蓝标在海外服务的中国企业主要包括联想、腾讯、百度、TCL、海尔、长安汽车、东风汽车、JAC、陆金所、招商银行、民生银行、PICC 等。蓝标通过专业服务帮助这些政府机构、城市品牌、企业在国际舞台自如发声，打造更加国际化的品牌，塑造与传播更加国际化的形象。

二、代表中国营销传播企业走向全球市场

　　改革开放以来，以广告业为代表的中国营销传播行业迅速成长。中国广告经营额在 1981 年时只有约 1 亿元；2003 年达到 1078 亿元，突破了 1000 亿元大关，19.44% 的增长率创下行业新高；2016 年，中国广告经营额突破 2000 亿元，突破 3000 亿元则只用了不到两年的时间；中国已经成为全球广告市场增长最快的区域之一。

　　但是长久以来，活跃在中国广告代理市场的主角是国际 4A 公司以及其背后的如 WPP、宏盟、阳狮等国际营销传播集团，他们不仅拥有跨国企业在

华经营的大部分业务，而且也赢得了不少中国本土甲方抛向他们的橄榄枝。中国本土的广告、公关及相关企业的业务量还很有限。从根本上讲，中国营销传播业的发展还是应基于本土营销传播企业的生命力与竞争力。

蓝色光标基于公关业务，整合了广告及数字营销业务，与中国营销传播业同步快速发展着，并逐渐成为中国本土营销传播业中的佼佼者。2013 年，蓝色光标出资收购全球知名公关集团 Huntsworth 和全球最大社会化媒体传播公司 We Are Very Social Limited，成为第一次在营销传播领域投资海外巨头的中国营销传播企业，标志着中国营销传播企业大踏步走向国际市场。[①]《国际公关》杂志文章指出："众多国际公关公司在中国各地设立分支机构、业务领域得以迅速拓展。相对而言，本土公司的国际化进程稍显滞后。……但最近一段时间，中国本土公司在经过了一番能量积蓄和战略思索后，国际化步伐开始迈大。中国公关业首家上市公司蓝色光标传播集团的国际化举措令人欣喜和振奋。……尽管像蓝色光标这样有实力的本土公司在中国数量还很少，但它的示范作用显而易见。"这反映出行业内对蓝色光标集团实施国际化发展的欣喜与认同，也客观反映出蓝色光标集团作为中国营销传播业内进军海外市场的"领头羊"身份。

（一）连续并购

为了能够最大可能地获取国际客户、开发与拓展海外业务，蓝色光标在其国际化发展的道路上使用的重要方式是跨国并购。跨国并购有利于企业推进国际化步伐，推进企业在进入、运营、发展海外市场的过程中不断获取和优化各项资源。

以 2010 年公司在创业板块上市为关键节点，蓝色光标在国内外营销传播业内通过并购活动快速进入目标市场，其中针对海外市场的并购行动始于 2011 年，加快海外扩张的步伐始于 2013 年。蓝色光标力图通过并购方式打造蓝标的海外品牌价值，形成自身独特的竞争力和竞争优势。

从既有的跨国并购事件来看，在国内并购案中不断积累丰富经验后的蓝

---

① 于月娥. 并购在中国广告业加速广告公司优胜劣汰 [J]. 广告大观，2014（2）：5.

标采用了连续并购的策略。关于连续并购，还未有统一明确的定义，最早的提出者是 Schipper 和 Thompson，认为连续并购指"企业连续三年内不少于三次的并购行为"，连续并购强调的是并购行为发生的频率，但不是一次次无关的交易行为，而是具有联动属性的战略布局。[①] 目前，学界普遍认为测算连续并购的方法大体有两种，一种是一段时期内（如 3 年或 5 年内）发生并购的次数，另一种是根据前后相邻两次并购时间的间隔天数。[②]

连续并购往往会给公司带来巨大的财务压力以及潜在的经营业绩风险。蓝标在高频率的并购之后，能够持续保持市值的稳定增长，这与并购前的充分准备及先期并购经验的总结反思有着正相关性。

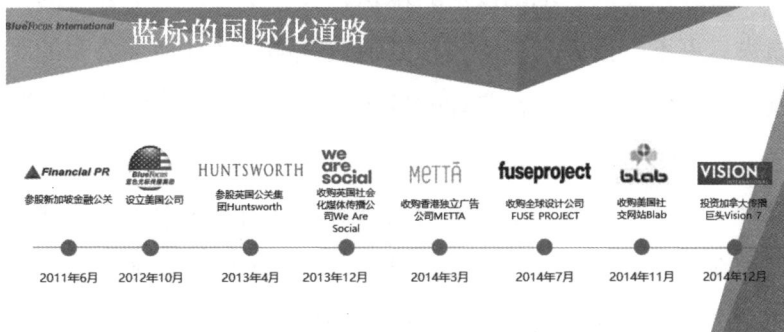

图3-3 蓝标集团海外并购的主要事件[③]

由图 3-3 可见，除了 2012 年 10 月属于设立子公司之外，蓝色光标在 2011 年到 2014 年的三年时间中，共完成 7 次海外并购，无论是以连续并购的频次来看，还是以并购所涉及的资金额度来看，蓝标无疑是中国本土营销传播企业实施国际化战略的领头羊。值得一提的是，在 2013 年 4 月收购 Huntsworth 之前不久，蓝标才在国内完成了对西藏博杰的收购，两起并购案间隔不足半个月。在经过国内外的连续并购后，蓝标营业收入和营业利润的

① 张子煜,谭诗琪.浅谈连续并购的动因及绩效分析——以阿里巴巴集团为例 [J].现代营销信息版,2019（4）：105.

② 刘兰凤.企业并购惯性模式与机制——基于我国企业的经验研究 [J].现代管理科学,2018（1）：97.

③ 由蓝色光标集团提供.

增长速度屡创新高。

通过并购，行业、领域内的顶尖公司被蓝标进行了内部资源结构的整理，重新组成蓝标国际板块，以满足国际客户需求，进一步开展海外业务。

（二）设立全资子公司

海外的全资子公司是指由母公司投入全部股份资本，依法在东道国设立的独资企业。全资子公司可以使集团公司长期战略中需重点发展的业务领域得到长足发展，使整个集团在这些领域得以做强做大，从而强化集团的核心竞争能力；子公司独立完整地进行会计核算，亏损不会与母公司利润相抵；通过确立子公司的独立法人地位，可以将子公司经营风险有效限制在一定范围内，集团公司只在出资范围内对其承担风险，不会因为子公司的失误而遭受更多损失，更不会侵害到集团公司其他业务部门和其他子公司的利益；子公司通过自身经营的努力，在其业务领域中形成商誉、品牌等无形资产，有助于提升企业集团的整体形象。

基于对上述有利因素的全面考量以及对自身国际化发展的战略规划，蓝色光标逐步在海外建立了几家分支机构，[①]为了更好地开展国际业务，蓝色光标于 2013 年成立了蓝标国际，来统一管理运筹上述并购的海外公司。蓝标国际是蓝色光标传播集团的海外全资子公司，总部位于美国硅谷，承担着蓝标集团实现国际化战略的使命，负责蓝标集团的海外投资并购、跨境业务的开展，公司的主要宗旨是力图通过在全球市场的投资并购，投后管理以及跨境业务拓展，实现向集团贡献 50% 以上收入。自成立以来，蓝标国际在集团战略主导下赢得了多项海外并购、投资的成功，蓝标也因此成为中国营销传播企业走向国际市场、参与国际竞争的成功尝试。2016 年，蓝标跻身于 Warc 年度评选十强，不仅表明蓝标集团初步进入以 WPP 为代表的跨国营销传播集团序列，也是对蓝标作为中国营销传播企业实施国际化战略"领头羊"身份的最佳注解。

---

① 编者. 国际化的步伐，才刚刚迈出 [J]. 国际公关，2013（5）：2.

第三节 组织架构

本节主要观照蓝色光标集团的海外业务布局以及海外各公司的分工合作及业务重点。

一、主要分支

（一）蓝标国际

作为集团开展海外业务的最重要分支机构，蓝标国际是带着明确的使命诞生的，那就是助力蓝标集团实现国际化的发展战略。自 2013 年成立以来，蓝标国际在集团整体布局的前提下不断实现对海外优良资产的顺利并购，协同效应不断显现，从而促进海外业务持续延续以往的稳健增长态势。

对于并购标的的选择，蓝色光标目标非常明确，就是那些拥有客户、拥有服务能力的公司，而不是技术公司；蓝标希望以自身既有的业务优势去获得可能的新的业务空间，包括在海外发展独立的融资平台。[①] 而这些目标，主要都是依托在蓝标国际这一机体来实现。

除了为集团开展海外投资并购业务之外，蓝标国际的另一项重要使命是为客户代理跨境服务。目前，蓝标国际为北美、西欧等众多全球 500 强品牌以及"出海"的中国品牌提供国际化营销传播服务。蓝标国际拥有从大型消费品制造商到前沿技术公司等众多重量级客户，蓝标国际为它们提供覆盖品牌战略咨询、数字创意制作、电商运营、CRM、大数据分析、数字和传统媒介购买以及社交媒体洞察和营销的全球智能营销传播服务。

---

① 饶守春，杨洋 . 蓝色光标国际业务总裁郑泓谈海外并购：让华尔兹和民族舞一起跳 [J]. 21 世纪经济报道，2017-4-27.

表3-2　近年来蓝标国际海外并购事件以及子公司[①]

时间	标的公司名称	标的所属国家	主营业务
2013.4.26	Huntsworth	英国	政府、企业、公共服务、金融、饮食、医疗等领域公共关系
2013.12.17	WAVS	英国	市场研究、营销策划、数字媒体营销、品牌咨询
2014.7.17	Fuse Project	美国	工业设计、品牌涉及、用户界面以及用户体验
2014.11.4	Blab.Inc	美国	营销数据分析
2014.12.5	Vision7	加拿大	综合性广告传播公司

据上表，蓝标国际旗下已拥有 We Are Very Social、Cossette、Citizen Relations、The Camps Collective 和 Fuseproject 5 家全球领先的公共关系、广告、数字营销、整合传播以及工业设计领域的代理公司。拥有 1500 余名员工，活跃于全球各地的营销传播领域，服务于众多国际知名品牌，从大型消费品制造商到前沿技术公司，提供覆盖品牌战略咨询、数字创意制作、电商运营、云技术、CRM、大数据分析、数字和传统媒介购买以及社交媒体洞察和营销的全球智能营销方案。

另一方面，并购标的之所以最终选择与蓝标国际合作，多是看中了蓝标国际背后的中国市场所拥有的庞大消费群体和长远发展潜力，看中蓝标国际母公司蓝标集团正处于极速成长、上升的时期，具有乐观的发展前景。

（二）蓝瀚互动

蓝瀚互动是一家专注于海外社会化媒体营销的数字营销公司，隶属于蓝标集团旗下蓝标传媒，总部位于北京，该公司是集团为满足中国客户"出海"以及各类型客户的海外营销传播需求而专门成立的全资子公司。

蓝瀚互动提供包括市场洞察、创意设计、全球 KOL 营销以及品牌策略传播等在内的国际化营销传播服务。蓝瀚互动还是 Facebook 在中国的官方顶级代理商之一。蓝瀚集丰富的数字营销经验、强大的技术支持和国际化的管理团队于一身，开发了鲁班、D3 等广告平台产品，帮助不同行业客户进行

---

① 作者根据网络公开信息整理而成。

Facebook 的广告智能投放；通过 Facebook、Instagram 等社交化媒体平台为客户提供海外社会化媒体的营销传播策划与执行、海外社会化媒体账户管理、广告优化以及粉丝页管理等服务，为客户的产品及品牌落地东道国市场、走向全球提供助力。

蓝瀚互动凭借独具优势的国际化社交媒体资源、顶尖的技术产品解决方案以及 7×24 小时全天候的整合营销传播服务，赢得了全球多家知名企业的委托代理业务，成功帮助 4000 余家企业开通了 Facebook 广告账户，累计助力客户达成 9000 亿次 + 的广告曝光量，在众多国家和地区有 100 多个业务类型。

蓝标国际负责通过并购等运作方式开拓海外市场，蓝瀚互动通过优势媒介资源服务出海或海外客户。蓝标集团初步形成了以客户、渠道、业务为支撑的海外市场架构。

（三）蓝色维勒

蓝色维勒有限公司英文名为 Blue Valor Limited，2014 年 11 月 14 日在香港成立，是蓝色光标集团旗下的全资子公司。同年，蓝色维勒设立加拿大全资子公司 1861710 ALBERTA INC.，并收购加拿大最大的独立广告和市场传播公司 Vision7 公司的北美业务。此外，1861710 ALBERTA INC. 同时收购拆分后的 Citizen Relations 在英国的业务股权。该项收购主要是助力蓝标集团进一步开拓北美市场。

（四）Legacy

2019 年 8 月 23 日，蓝色光标发布公告，拟将其持有的 4 家境外全资子公司 Vision7、WAS、Fuse Project 和 Metta 100% 的股权，以及 1 家境外控股子公司 Madhouse Inc. 81.91% 的股权，注入 Legacy Acquisition Corporation。Legacy 本质上是 SPAC，即特殊目的收购公司。交易完成后，Legacy 即更名为 Blue Impact，蓝色光标是 Blue Impact 单一最大股东，有权提名 Blue Impact 董事会 9 席中的 6 席，蓝色光标的管理团队负责运营 Blue Impact，从而对 Blue Impact 形成实质控制，并在财务报表上对 Blue Impact 进行合并。

（五）Huntsworth

Huntsworth 于 2013 年被蓝标收购，但目前独立运营，并不隶属于蓝标国际的子公司。Huntsworth 公司的业务主要包括政府和公共服务、金融、饮食、医疗等方面。作为英国公共顾问集团的领导者，Huntsworth 旗下拥有四大招牌机构——Grayling 作为全球第二大的独立公共关系、公关事务、投资者关系及活动咨询公司，为大型知名企业提供可持续性及数字化等服务；Citigate 公司在金融服务是全球领先的，尤其是在 M&A 领域具备强大实力，有助于蓝色光标战略并购的顺利进行；Red 公司的业务集中在品牌营销和管理，同时拥有出色数字营销团队，为蓝色光标数字化战略发展提供借鉴意义；Huntsworth Health 是一家具有先进水平的医疗营销公关服务公司。

蓝色光标集团在国际市场上的业务范围逐渐形成并壮大，同时在专业垂直领域的细分度也得到不断提升。以蓝标国际为代表的海外血液成为蓝标集团与国际市场进行沟通以及蓝标客户与国际市场沟通的双重、双向桥梁。蓝标集团海外子公司的员工结构以东道国市场当地的公民为主，对目标市场的文化传播禁忌以及特点都更加熟悉，在客户沟通层面上的传播效率也更高。

二、业务版图

（一）媒体关系及媒介投放

该业务主要服务"走出去"的中国企业在境外的媒介落地以及海外客户在华、在其他东道国的媒介落地。对于要进入国际市场的国内企业来说，虽然他们大多已经在国内相关行业领域具备了骄人的业绩，但在营销传播领域并不具备专业性。国际市场营销环境的复杂以及与东道国市场之间的文化差异等因素，易于导致"出海"企业在东道国市场出现不同程度的文化冲突、水土不服的现象，即使是一些深耕营销领域多年的大型企业也不能完全掌握其中的奥妙。因此，对于放眼海外市场、国际市场乃至全球市场的企业来说，与更为专业的营销服务团队进行合作尤为重要。蓝色光标集团，无论从业务领域的深度、广度还是业绩表现上看，与中国出海企业寻求的合作对象的契合程度都极高。对于蓝标的海外客户，他们无论在华还是在其他东道国市场，蓝标都能够以自身所合作的丰富且优质的媒介资源为客户提供最有效率、最有质量的媒介服务。

以公司所合作的新媒体广告平台为例，蓝色光标是全球知名社会化媒体Facebook 在国内的直接授权代理商，也是国内首家同时拥有 Google 的 CIP（国内核心代理资质）、DVIP（国外核心代理商资质）以及 CEP（中国出海代理资质）三项牌照的广告代理商。这些优势媒体资源的独家代理身份，一方面说明蓝标被优质媒体、平台认可的程度，另一方面说明蓝标能够为客户提供更具竞争力的传播渠道与传播内容。

从广告服务创新方面来看，2018 年起，蓝标基于大数据及智能算法等技术，开发了一系列包括分析与策略、创意产出、智能投放及监测评估的营销传播全产业链产品，并积极拓展企业的 CRM 业务，大幅提升了 ROI（Return On Investment，即投资回报率）及员工工作效率（例如自动辅助方案的产品等），进而有效提升公司经营效率，提升净利润率。公司全案推广服务、国内广告投放、海外业务以及数据产品服务业务维持稳定增长。

（二）活动策划与执行

对于以公共关系为早期主营业务的蓝色光标而言，活动策划可谓是"老本行"，多年以来，虽然业务范围不断扩展，服务领域不断延展，但蓝色光标的活动策划与执行能力并未衰减，且一直处于集团业务的重要位置，为客户提供所需的事件、活动营销的高水准服务。作为从本土一步步发展壮大的公共关系及整合营销传播行业领头羊，蓝标蓝色光标不仅服务于国内外企业、非政府组织，也积极投身于为政府机构、事业团体提供事件、活动的策划与执行、媒介的整合传播等，为客户提供在本国或东道国的公共关系、组织形象塑造等服务。

"欢乐春节"是一个由中国文化部（现为"中国文化和旅游部"）主办的、主要面向海外公众传播的年度系列活动，旨在传播中国传统文化、春节文化，让外国公众对中国产生更积极友好、更感性丰富的认知。蓝标作为该活动在美国等国家及地区的承办方，参与该活动的部分策划与执行，并取得了良好的传播效果，达到了主办方的预期。

2016 年春节，蓝标协助中国文化部出海传播，走进美国硅谷，走进Facebook 总部，携手"世界中餐业联合会"共同举办以中国美食为主题的"欢乐春节"之"行走的年夜饭"活动，中国驻旧金山总领事罗林泉、副总领事查立友、Facebook 创始人兼 CEO 马克·扎克伯格、Facebook 国际联络与公共政策副总裁黛比·弗罗斯特等出席该活动。"欢乐春节"之"行走的年夜饭"活动以带着中国美食走进 Facebook 的方式，使得中国传统政府部门的形象变得鲜活，也让美国民众在舌尖上领略了中华文化的独特魅力，有效传达了团圆和睦的春节文化理念，让目标公众对中国及其文化有了全新认识，增进了美国民众对中国美食的了解和喜爱。为期 3 天的活动采取线上线下联动传播的方式展开，反响热烈——马克·扎克伯格携家人录制中文视频向中国大厨致谢；员工及宾客参与活动达 15000 人次；蓝标协助活动主办方开设运营的 Facebook 官方账号 C-Live 在活动 3 天内吸粉迅速；相关视频播放次数达 100000000+；《纽约时报》、《洛杉矶时报》、美国广播公司、美联社等多家主流媒体刊发了关于"欢乐春节"的报道，美联社等还详细盘点了全球的春节庆祝活动，积极评价中国的春节文化。

2017 年 7 月 28 日，蓝色光标传播集团、蓝色光标数字营销机构作为活动发起单位之一，参加了在西安曲江大唐芙蓉园举办的中华文化促进会文化名镇协作体成立会议。中华文化促进会文化名镇协作体旨在促进国际交流，搭建共享平台，培育文化名镇产业和品牌。蓝标深度参与并大力协助协作体的发展，推进中华文化促进会文化名镇协作体的整合筹备与推广传播，致力于在数字营销时代为我国文化旅游注入一股领先全球的传播力量。

2015 年 4 月，蓝标国际助力中国平安集团旗下陆金所相关高管前往美国参与全球互联网金融盛会朗迪峰会（Lendlt Conference）。蓝标为陆金所策划执行了一系列实效推介活动，包括在纽约举办高端晚宴"陆金所之夜"（Lufax Night），会见潜在投资者、与利益相关群体深度互动；陆金所 CEO 在美国东、西海岸对话美国主流财经媒体等。蓝标国际为陆金所的全球首秀、成为国际互联网金融市场的新星，做出了专业的公共关系服务。

2015年，蓝标通过活动策划与执行，帮助法国巴黎银行有效提升了其手机银行产品Hello Bank的品牌形象。蓝标进行了深入调研，发现除了Facebook、Weibo、Youtube和Instagram，千禧一代还热衷使用Spotify等在线音乐应用程序，并对其有着深度使用。基于这一洞察，"Hello Play！"的创意逐渐明晰——用户只要登录"Hello Play！"平台并在线收听音乐，就可以按照收听时长免费获取虚拟币。巴黎银行将这些虚拟币兑换为真实货币并捐赠给用户希望资助的音乐项目，捐赠通过Hello Bank完成。在短短4个月里，项目发放了超过700000个虚拟币，巴黎银行和参与用户成功资助了35个线下音乐项目。此策划项目由于出色的执行效果，斩获了2015年度戛纳国际创意节"互动平台"和"金融服务"两个类别的铜狮奖。

2019年9月11日，蓝色光标入选由科学技术部、中宣部、中央网信办、文化和旅游部及国家广播电视总局五部门认定的第三批"国家文化和科技融合示范基地"名单，成为首批单体类"国家文化和科技融合示范基地"中的一分子。

作为一家企业，蓝标的国际化首先是自身的国际化；作为一家营销传播企业，蓝标的国际化又必然是伴随着客户的国际化需求而开展运作的。由于乙方身份，蓝标的国际化形成了独具特色与优势的双重国际化运营模式，一是通过投资与并购，设立海外子公司，实现自身国际化；二是帮助客户开展国际化运营，一方面帮助国内客户"走出去"，开拓国际市场，另一方面"引进来"，为国外客户进入中国市场提供咨询服务。[①]在这个过程中，蓝标不仅将自身看作营销传播的代理机构，同时也将自己作为营销传播的产品，通过为客户提供具体有效的服务，不断提升自身在客户中的质量及效益。当然，我们必须清醒地认识到，无论是中国企业还是营销传播代理商，中国本土政企在走向国际舞台的道路上，还有许多工作要做，除继续提升服务质量和水

---

① 张景云，田悦戎，陈永涛. 蓝色光标的"双重国际化"[J]. 企业管理，2019（1）：78.

平外,还要深入理解所在国家的政治、经济、文化和社会生活等各方面的情况,尤其是相对应的法律法规,同时还要熟悉服务对象的内部运作机制。这一过程不仅是学习的过程,也可能是痛苦、挫折与飞跃相伴的过程。这一过程需要时间的打磨,但它不会影响中国本土营销传播企业走向国际的进程——边做边学,赢得更多的国际大客户,并最终融入国际化大潮。

第四章　蓝色光标的在地化进程与举措

　　除了"出海"，任何企业或其他社会组织的国际化发展还需要"落地"，也就是说，把脚迈入海外市场只是第一步，随之而来的挑战是如何在当地市场立稳脚跟。主体能够真正深入地融入东道国当地的营销环境、经济发展以及社会氛围，被东道国市场所了解、所认可、所需要，这是一个本土化、在地化的过程。这一过程任重道远，也是每一个投身国际化发展的社会组织都需要应对的。

　　所谓在地化，是指跨国企业将生产、营销、管理、人事等经营诸方面全方位融入东道国经济社会发展，同时将企业文化融入和根植于当地文化模式。在地化，强调的是主体在客观上融入当地的过程。在地化的重要前提是了解并遵守东道国或地区的政治、法律约束及社会文化氛围，顺应并坚持当地政府的合理倡导、当地消费者的价值倾向与选择。

　　在地化常常与国际化作为一对概念出现，两者之间相互阐释、相互参照，是相辅相成的统一体。可以说，实效的国际营销传播是既注重国际化发展战略，又兼以实行在地化策略的——组织的国际化发展需以在地化为前提，充分实现了在地化的社会组织，更有助于自身进一步的国际化发展，国际化进程与在地化探索相融互补、不可分离。跨国公司只有在国际化的营销传播战略的统一指导下，才能有效落地东道国市场，才能进一步开展预期的企业行为，以这个角度看，在地化既是进行国际化的目标，也是实现国际化的手段。但同时，跨国企业的国际化需要针对不同目标东道国市场的客观情况开展有针对性的营销及传播，需要充分考虑东道国市场当地的社会、经济、政治、文化及法律等相关具体情况。而营销传播的在地化是为跨国企业的国际化战略而服务的，在地化必须适应品牌主的国际化战略。

蓝色光标双重国际化的身份更强化了在国际化进程中尤其需要做好在地化，蓝色光标如何面对差异化的国际市场，如何能够被东道国的政府、客户、消费者、媒体以及其他利益相关者接纳，如何形成良好的企业形象，如何提升集团的海外认知等，都需要进行独到且专业的研究和探索。因为只有营销传播代理商在东道国市场具备良好的认知、形象及合作关系，才能够做到根据客户需求以及不同东道国市场的政治经济文化、媒介传播环境等因素进行针对性的市场洞察、消费者调研等，根据不同代理客户及其品牌产品，进行深入的品牌挖掘，为其不同目标市场传播制定具有针对性的策略，达到对国际市场全方位、高准度的观照，为代理客户提供完善有效的高品质服务，助力客户快速融入东道国并实现市场开拓。

本章以此为立意点，客观检视和理性分析蓝色光标集团如何在东道国市场展开具体作为，了解和面对海外市场来自不同方面的潜在风险和挑战，以及如何为自身制定更加精准的市场开发战略，获得更有效的市场认可，以促进自身融入当地。

第一节　洞察：以遵循政治法律约束

一、政治法律环境对国际营销传播的影响

对于中国出海政企而言，只有明确了解和认知海外市场来自政治、经济、文化、社会等不同方面的政策、规制及其风险、挑战，才能更加准确地制定市场开发战略与品牌传播策略，从而获得理想的市场认可。

　　然而，一些欧美国家在西方媒体固有、刻板的叙事呈现下，对于中国政企、社会组织的偏见持续存在。新兴市场虽然其对于外来投资的态度大体较为积极，但其市场环境受政治、法律的影响也更为直接，一些国家的政治与政策环境变动频繁，立法、税收政策的变化以及政权的更迭都会对外来投资造成直接影响，也存在较多潜在风险。

　　在全球政治经济环境快速变化的今天，中国的各类社会组织无论是想在欧美等西方发达国家市场站稳脚跟，还是意欲在新兴市场国家加速开拓，首先需要重视东道国市场的宏观政治政策以及相关法律约束，提前进行预判与对策制定，其次才是观照市场及消费者偏好、习惯等微观要素。

　　政治环境对跨国营销传播集团而言，指其开展国际营销传播的外部政治形势及国家方针政策，主要影响因素有政治局势、方针政策、国际关系等。政治局势是东道国的政治稳定状况、政局变动。目前全球范围内仍有一些国家或地区，存在发生宗教冲突、派系冲突以及恐怖活动的事实及可能，政治风险较大，面对此类市场，需要理性评估；方针政策主要指各个国家制定颁布的各类制度或管理条例等，如进口许可或限制、税收优惠与否、价格管制，方针政策对跨国营销传播有着具体且深刻的影响；国际关系指本国与东道国及其他国家之间在政治、经济、文化、军事等领域的关系与动态，国家之间的关系会不同程度地影响到国际营销传播活动的进展。

　　法律环境因素也对营销传播进程与效果有重要影响。各国法律法规对营销组合中的各种要素，对违规行为的处理、对特殊商品广告的态度、对虚假广告的管理、对比较广告的运用等均有不同。蓝色光标 2018 年度《中国品牌海外传播报告》指出：对于外国企业在当地经营中可能遇到的挑战与风险，各国受访者均视"法规与法律环境"影响最大，该比例高达 65%，且在各国均排在前三位。对国际营销传播者来说，遵守东道国的法律法规是开展营销传播的前提及准则。

　　营销传播主体在东道国市场进行广告传播活动过程中，需重视政治与法律因素的强大作用力。在政治与法律限制较少的东道国，营销传播往往呈现出良性的有序发展态势；而在具有开放主义与保护主义双重倾向或限制较多的政治环境中，营销传播常常会受到压抑，难以顺利发展。如何对政治法律环境变动给国际营销传播带来的风险进行有效预判并将其降至最低，如何在不利的舆论和激烈市场竞争中获得更多消费者信任、树立良好的品牌形象，这些问题值得社会组织、品牌方及乙方代理商认真思考。

在地化的第一层含义在于遵循东道国规制以规避潜在风险。在当今世界政治经济形势复杂、贸易保护主义日渐抬头的情形下，逆全球化态势在一些地区愈加明显，社会环境愈发不利于外来投资的生存与发展。国际营销传播在遵循本国相关法律政策的前提条件下，更应宏观把握目标东道国的政治动向，严格遵循东道国法律法规与行业规范，合理利用政策及法律支持，合理评估及规避潜在风险。

在地化的第二层含义在于制定与实施适应当地的传播及营销策略。根据以往传播案例来看，我国众多跨国企业的营销及传播过程，包括与海外业务运营的相关决策，往往集中在对东道国当地政策法律环境不够熟悉的总公司高层。这种模式可能造成企业在东道国市场运营管理的文化断层，制约海外团队与当地市场及消费者建立情感联系的自主能力。针对可能出现的此类情况，需要在保障总部与海外分支之间顺畅有效沟通协作的前提下，使海外的中层管理者能够根据当地具体环境进行具体观照，及时灵活、有的放矢地推进营销传播项目的开展，根据当地业务运营和市场调查制定营销传播策略，使企业、品牌或组织能够真正融入当地市场，与当地消费者建立更加牢固的情感纽带。

二、蓝色光标——善用双边关系，推动项目落地

双边关系，通常指两个国家之间一对一的关系。蓝色光标作为中国营销传播领域率先迈出国际化步伐的企业代表，其在各目标市场国的在地化进程中始终把中国政府与东道国政府之间的相互合作作为自身进入该市场的有利因素，并将对目标国家的政治法律环境的洞察摆在首位。在此基础上，蓝色

光标调研目标国家的国情，评估中国与该国在政治法律、经济文化等领域的异同，为客户提供基于调研与积淀所形成的专业判断，为客户的国际营销提供传播支持与专业服务。

2016 年 12 月 6 日，国酒茅台在德国汉堡隆重举办了以"与德国干杯"为主题的"中国茅台'一带一路'行"品牌推介活动，以茅台集团高管组成的中方企业代表、以中国驻汉堡领事馆总领事等人组成的中方政府代表以及以德国前副总理兼外交部长约瑟夫·菲舍尔为代表的德国政界、商界、文化界人士共 300 多人出席了该活动。此次活动不仅体现了中国茅台和德国啤酒这两种不同酿造传统和文化特色的酒的交融，更诠释了中德两个酿酒大国彼此加深了解、传递快乐、强化感情的意愿和努力，也为在大数据时代的产业合作、文化交流探索了更多合作渠道。

蓝色光标作为茅台集团此次对外传播活动的主要代理商，为活动的顺利举行进行形式多元、气氛热烈的传播预热及民间互动。蓝标制作并在社交媒体发布了"外国人喝茅台"的创意视频，传达了"茅台味 = 中国味"的观念；还制作了名为《国酒添香，宝船进港》的 H5 小游戏，核心创意是以"茅台号"宝船为主体，让受众代入为水手角色，助力茅台德国行海上航行，在德国文化元素背景下引导出各类中国元素，集消息发布、趣味互动、视频于一身，使目标用户在趣味中了解中国文化。蓝标策划执行的线上传播激发了德国民众对来自中国的茅台酒的好奇与关注，为此次品牌推广活动的成功发挥了积极作用。

第二节　调适：以正视当地文化特质

一、文化环境对国际营销传播的影响

文化是一个社会所形成的具有共性的信念、价值观及行为方式，通过群体、精神、载体三要素形成区隔与传承，并具有多样性、民族性等特征，导

致人类社会存在不同的文化形态。

营销传播与文化之间是互相影响互相促进的关系,其中尤以广告、公共关系与文化的相互作用最为典型直接。广告传播发生在特定的文化语境中,不同国家、不同民族的广告在信息内容、人物形象、表现形式、传播方式上反映出不同的文化符号和文化特征,体现出不同的生活方式、价值观念和审美情趣。此外,广告还有教育作用,史学家大卫·波特尔(David Potter)在《富人》一书中说:"(广告)这一强大的机构最重要的影响不是在经济流通系统上,而是在我们的社会价值上。"他还指出,广告统治了大众媒体,是塑造大众标准的巨大力量,是有限的几种控制社会的机构之一,人们不仅通过广告学习商品或服务的信息,还学习许多观念,包括人生观、价值观、消费观,影响人们的意识形态、思想观念和行为方式。公共关系关注自身的形象建构与传播,旨在提升公关主体在目标公众认知中的位置。顺畅的沟通、良好的关系维护是公共关系的基础和目标,公关主体积极作为以缩小自身与目标公众在价值观念、思维方式、习俗信仰等方面的文化差异带来的交往不畅是产生良好公共关系传播效果的前提。

文化与营销传播密切的相互作用力决定着营销传播机构在国际化传播过程中,应针对东道国独特的文化环境实施在地化传播策略。首先,需增强对于东道国文化的了解并接受在语言符号、风俗习惯、价值观念、思维方式、宗教信仰等方面的文化差异,通过对两种文化模式的比较,深入挖掘二者的关联性,做到企业文化和当地文化的兼容,使企业文化扎根在民族文化的土壤上。其次,跨国的营销传播最好能够遵循文化适应原则,规避民族中心主义,改变自我参照准则,将东道国或地区的文化作为主要参照,通过自我调整来主动适应目标文化圈的文化模式、文化特色、民族个性和民族风格,按照东道国的文化偏好、文化特点进行传播与管理,从而缩小与目标市场消费者之间的文化距离,突破文化的制约,激发消费者的情感共鸣,带给消费者亲近性和自然性的美好感觉,同时把这种心理体验在潜移默化中转化成购买的动机和行为。其中需要尤为注意避免触及目标市场国的文化禁忌,以保障营销传播信息被顺利接受。

在地化进程本质上是母国政企、社会组织实施国际化发展战略的必由之路与重要保障。对于国际化的营销传播主体而言，如果只是一味地推动产品、服务的国际化进程，建立国际化营销体系，而忽略在地化、本土化，忽略与东道国、目标市场的文化交往与互动，忽略对东道国市场文化特异性的真实观照与切实体味，便难以真正获得目标市场消费者的认可和接受，甚至会遭致反感或抵触。

二、蓝色光标——文化环境的应对

在开拓海外市场的过程中，蓝色光标对于东道国当地市场的文化环境有着客观理性的认识，形成了"符合当地文化的战略才是最具生命力的"[①]这样的明晰判断。在中国企业"走出去"的过程中，需要把文化建设放在非常重要的位置上，需要处理好自身与东道国当地在语言差异、民族差异乃至公司文化方面的差异，需要更好地与当地的消费者、媒体、工会、社区以及自身的员工、管理团队进行良好的沟通，从而在不同维度塑造正面的企业形象。在此基础上，蓝色光标旗下的海外子公司为各类型品牌客户提供营销传播的全方位专业服务，尤其在助力中国企业进行海外布局的战略性规划方面发挥了举足轻重的作用。蓝色光标在承接客户的国际化传播服务过程中，通过自身"专业立身，卓越执行"的经营理念指导，搭载蓝标国际优质的国际市场在地化资源与策略，塑造了众多成功的海外传播案例，促使母国品牌在海外业务拓展与品牌推广方面有效投入资源，以适应融入、创新实践驱动品牌在海外市场的成长，为所在行业的中国品牌海外传播和业务布局树立了积极榜样。

Cossette 是蓝标在加拿大市场的子公司，也是蓝标在北美市场实施在地发展的重要支点。透过 Cossette，蓝标能够对当地雇员的思维方式、价值观

---

① 财新网专访蓝标国际总裁郑泓女士，http://index.caixin.com/2018-04-18/101235937.html.

念等形成更充分的了解，进而更顺畅的沟通；能够对当地客户的传播诉求、品牌理念形成更深入的认知，以及对当地消费者需求及态度形成准确观照，进而为双方提供更有价值的服务；能够尽快地熟悉当地的社会及文化氛围，进而更充分地融入当地营销传播环境。蓝标为麦当劳成功策划执行的品牌传播活动，就得益于代理商Cossette熟悉与了解当地社会和民情，在传播过程中体现了对文化因素的重视与合理调动。

"麦当劳叔叔之家"成立十周年之际，基于Cossette的策划方案，加拿大麦当劳为了方便外地前来求医治病的小朋友能够得到更好的治疗与恢复，为孩子们提供专门的就医期间的居所，以减少家长在医院不方便居住照顾孩子的情况。这是一项品牌公益性传播项目，运营的经费来自所销售出的麦当劳儿童乐园餐——套餐价格的一部分将用于该公益项目。项目邀请患病小朋友和他们的家长参加相应的活动：患病小朋友在专门的卡片上画画，他们的父母则在卡片上留言，这些卡片被放置于麦当劳的开心乐园餐盒里。当消费者购买开心乐园餐时，会看到图画与留言，消费者可以感受到日常的消费行为所带来的公益力量，形成公益回流、温暖人心。这一公益项目极大地传递了麦当劳叔叔之家这一品牌社区，同时也再次强化了麦当劳温暖美好的品牌形象。这个项目在加拿大引发了广泛关注，取得了良好效果。该项目成功的主要原因在于正确洞察了加拿大的民族文化及其所推崇的精神与信仰。项目关注患病儿童及其家人如何积极面对疾病以及努力治疗，充满乐观、坚强、勇敢的精神。麦当劳叔叔之家提供的居所代表了商业品牌与消费者并肩努力的姿态与诚意，这些与当地的社会文化与大众诉求具有较高的契合度。

在法国，面对崇尚浪漫与优雅文化的法国民众，蓝色光标为宏碁策划了走心微电影，视频在同类产品中实现突破，受到海外受众的极大关注，是国际营销传播积极调适文化偏好、实施在地化策略的体现。蓝标以法国音乐制作人游历、制作音乐唱片和芭蕾舞者的自我成长为切入点，邀请现实中的英法音乐制作人和粉丝出演，在娓娓道来的故事中融入了品牌对创意、美感、标准的不懈追求，让受众在故事中了解产品优势，在音乐和画面的推进中与海外受众建立起强大的情感连接；用流动的画面展示摄人心魄的美感，在舞蹈界激起强烈的话题性，让宏碁的新品 Swift 7 直接化身为优雅的代名词。

第三节　培育：以提升品牌认同

一、品牌认同对国际营销传播的影响

品牌认同是指受众在接触品牌负载的产品、服务、相关信息以及其他营销传播行为及活动过程中，基于理性和感性双重判断，对品牌产生的积极肯定的认知及态度，是品牌与消费者之间良好关系的综合反映。

消费者的认同感，是对品牌的全部体验，是消费者理性和感性的综合体。理性认识，是指对产品本身的质量和性能的要求，是重视品质、性能及价格，以好坏为判断标准。感性认识是重视品牌、设计、满足感及喜悦，以满意或不满意为判断标准。一个优秀的品牌必然能够使消费先有理性认识，在长期的体验中走向感性认识，最后达到理性和感性的结合。

学者 Rioetal 认为品牌认同感根据其定义自我动机的不同，可细分为个体品牌认同感和社会品牌认同感。个体品牌认同感的形成始于消费者对特定品牌的个性与其自身个性特征相似程度的感知，当某一品牌能向他人展示消费者为特定群体内成员这一地位或凸显所属群体（或希望所属群体）的特征时，消费者会对该品牌产生社会认同感。Rioetal 通过实证研究发现，消费者对品牌的个体认同感和社会认同感会显著影响其对商品的购买意图、推荐意向及支付高价格意向等行为。

在受众产生品牌认同的过程中，积极的"品牌三度"是重要前提和衡量指标。"品牌三度"即品牌知名度、品牌美誉度、品牌忠诚度。品牌知名度是指某品牌被公众知晓、了解的程度，它表明品牌为多少或多大比例的消费者所知晓，反映的是与顾客关系的广度。品牌知名度在很大程度上依赖于企

业对该品牌的宣传和推广。相对于品牌知名度这个量的指标而言,品牌美誉度是一个质的指标,只有建立在美誉度基础上的品牌知名度才能真正形成品牌资产。品牌美誉度通常通过"口碑效应"来传播,反映的是消费者的心理感受,体现对品牌价值认定的程度。品牌忠诚度是消费者在一段时间甚至很长时间内重复选择某一品牌,并形成重复购买的倾向,是品牌资产的重心。品牌知名度是品牌美誉度的一个重要前提,品牌美誉度是形成消费者忠诚度的重要因素。

在"品牌三度"中,品牌美誉度发挥着举足轻重、承前启后的作用,并直接影响着受众对品牌的认同。美誉度主要从两个层面进行考量:组织美誉度是一个组织获得公众信任、好感、接纳和欢迎的程度,是评价组织声誉好坏的社会指标,侧重于"质"的评价,即组织的社会影响,组织形象的美丑、好坏;品牌美誉度是组织品牌力的组成部分之一,品牌的美誉度是消费者对品牌的品质认知和喜好程度。品质认知是消费者对品牌是属于优质或是劣质的印象,喜好程度则包含了品牌的领导性、创新性。可以说,美誉度是消费者使用产品、体验服务后所形成的直接认知。品牌美誉度是现代企业进行形象塑造的重要组成部分。对跨国的营销传播公司而言,品牌美誉度也尤为重要——营销传播公司在服务于甲方的过程中,不仅需要用专业实力提升甲方在东道国市场的美誉度,也需要重视培育自身在出海客户及海外客户中的美誉度。提高代理品牌的美誉度、提升自身组织的美誉度都使品牌形象成为吸引东道国目标消费者的核心因素,可以极大促进营销传播活动的开展与推广。从长期来看,注重品牌美誉度有利于实现跨国营销传播利益的最大化。因此,国际营销传播在地化进程中,营销传播代理机构基于客户与自身的长远效益,都需要真诚对待消费者、积极履行社会责任、着眼于未来,不断建立双重的美誉度,为甲方品牌实现国际化奠基。

综上,品牌认同体现了品牌的本质,决定了品牌的竞争力,是企业的无形资产,"品牌三度"尤其是品牌美誉度是建构和衡量品牌认同的重要参照。

二、蓝色光标——以专业服务提升"双重认同"

跨国营销传播公司在助力甲方品牌进入东道国市场的进程中，首先应注重提升自身在行业内相关目标客户中的品牌认同。首先，以优质产品、超值服务赢得品牌认同。在在地化传播过程中，营销传播代理机构应注重给予东道国市场的客户与消费者以人性化服务与关怀，建立起长期友好关系，增强其对企业品牌的信赖感，与其建立起牢固的感情基础。其次，注重履行社会责任，以此提升品牌认同。一方面，通过优质产品与服务丰富消费市场的选择，满足客户日益多元化的需求，提升品牌能够提供的客观质量；另一方面，客户与消费者是服务与产品的最终评判者，探索并持续与消费者建立紧密联系的有效做法在于积极承担并履行社会责任、积极投身公益项目。营销传播企业积极助力甲方客户深入接触基层社区和普通民众，致力于改善当地的公共服务与设施水平，可以与客户和消费者建立紧密联系，为企业赢得良好的社会信誉，有利于获得目标人群的信任与亲近，进而及时准确地了解消费者对产品与服务的反馈，并进行相应的调整以维护品牌认同。

根据蓝色光标 2016—2018 年的中国品牌海外传播报告《中国品牌海外消费者认知》调查数据可知，中国品牌在海外市场的消费者认可度连续三年逐渐提升，历年数据分别为 28%、37% 及 54%。不仅如此，中国出海品牌在信息透明、情感联系、环保可持续、用户互动四个方面已有积极进展。这在一定程度上反映出中国出海企业在自身服务与产品质量以及品牌传播方面取得的成绩。但报告也同时指出，相较于发达国家，消费者在信息透明等四个方面的负面评价比例仍较高，达 20% ~ 22%，缺乏信任感依然是海外消费者不选择中国品牌的主要原因。中国品牌需要进一步提升品牌传播能力与作为，增强在地化进程中东道国目标受众的品牌认同。

蓝色光标作为中国具有全球业务布局的出海营销传播集团，一方面通过为代理客户提供符合品牌特征与形象的专业高效的在地化传播策略，注重品牌美誉度与认同感的提升与维护；另一方面，凭借自身宏大的全球版图、优质的客户服务，积极投身公益事业，履行社会责任，如创办"蓝公益"，不断树立创新突破、值得信赖的乙方形象，在中国出海及海外本土客户中努力建构自身良好的品牌认同。

蓝色光标积极参加全球营销传播业内知名度最高的创意盛宴——戛纳国际创意节，不断努力在国际营销传播业内形成广泛认知。2018 年，戛纳国际创意节设立"中国日主题论坛"，旨在探究中国最具有代表性的创意思维、创新和技术趋势，这也代表着全球营销传播和媒体从业者对中国创意影响力的高度关注，中国创意在国际营销市场越来越受瞩目。论坛期间，蓝色光标受邀登上戛纳舞台，聚焦内容创作领域，畅谈移动营销时代的内容如何影响受众，给全球各地的营销人带来了来自中国的最大营销集团的新鲜观点和独特视角。在同一天的创新狮（Lions Innovation）专场，蓝色光标旗下社交媒体数字营销公司 We Are Social 与 Twitter、Sky Scanner 等公司一起探讨了人工智能和自动化技术给品牌内容、销售以及服务客户带来的影响。蓝标在论坛上的亮相及精彩观点赢得了论坛现场近 300 名包括品牌、代理商、媒体在内的行业人士关注，再一次在行业内的重要国际舞台展示了蓝色光标的专业水准。

第四节　强化：共同体思维

一、共同体思维在国际营销传播中的体现

"共同体"一词源于西方，英文表述为 community，是一个含义广泛、指向松散且历史悠久的概念。[①] 在西方文明萌芽的古希腊时期，亚里士多德就提出人们存在于一个共同体中，人们对善的共同追求使人们获得了相应的利益。1887 年，德国社会学家滕尼斯发表《共同体与社会》一书，用"共同体"

---

① 关于"共同体"概念的梳理，主要参阅王湘穗：《三居其一：未来世界的中国定位》，长江文艺出版社，2017.

来表示建立在自然情感一致基础上，紧密联系、排他的社会联系或共同生活方式，这种社会联系或共同生活方式产生关系亲密、守望相助、富有人情味的生活共同体。在滕尼斯看来，"共同体"主要是以血缘、感情和伦理团结为纽带自然生长起来的，其基本形式包括血缘共同体、地缘共同体和精神共同体。波普兰（D.E.Poplin）将"共同体"定义为社区、社群，以及在行动上、思想上遵照普遍接受的道德标准聚合在一起的团体。

就经济领域而言，构建共同体与经济全球化密不可分。经济全球化为世界经济提供了强劲的增长动力，促成了贸易大繁荣、投资大便利、人员大流动、技术大发展，区域合作深入发展，各国之间的相互依存不断加深，全球贸易变得更加通畅、跨境投资活动越发活跃、人员实现全球性的大范围流动，全球供应链与价值链构建初见规模。在此背景下，人类文明实现了前所未有的繁荣，世界各国的交往与联系变得更加频繁，关系也越发紧密。

全球化意味着人类将面临更加复杂的全球性问题，传统与非传统安全威胁相互交织，不稳定和不确定因素增加，世界多样化和多元化，不同文明、民族、宗教和发展模式在竞争中共处，在交流中发展，人类文明的发展也将面临更多层出不穷的新挑战。在全球化进程不断深化的同时，也不断出现着负面的声音与情绪，反全球化浪潮越发凶猛。面对一切挑战、困难甚至不和谐因素，没有一个国家可以仅靠一己之力生存于全球逆风与浪潮之中。[1] 共同体思维是在当今全球化背景下应当被倡导和践行的核心思维理念，它是指共同生活在同一个"地球村"的各类型主体，能够摒弃零和博弈的思维，为促进世界和平与发展、解决人类社会共同面临的问题、提升全人类文明与情感的温度，与他者休戚与共、携手同行，形成共商共建共享的世界格局。在共同体重要论述的启示下，在全球经济形势的引领下，各国家、民族、社会组织尤其需要构建共同体思维，形成你中有我、我中有你的经济命运共同体，从而推进以开放、包容、普惠、平衡、共赢为特征的新型经济全球化。

对于跨国企业及其营销传播代理商而言，在反全球化浪潮下，东道国市

---

① 刘燕春子. 需以人类命运共同体思维应对全球新挑战 [J]. 金融时报，2020.2.20：8.

场、消费者对外来企业、品牌的接纳往往更加困难，使得实际营销传播效果大打折扣，甚至与预期值相去甚远，这就要求国际营销活动不仅需要传递品牌、产品信息，还需要有意识地消弭自身与东道国间在政治、经济、社会、文化、法律等多方面可能产生的冲突与隔阂。其中，文化冲突往往是跨国营销活动中的主要障碍，如果企业不能很好地化解冲突，很容易出现诸如营销沟通障碍、营销活动成本超支、营销决策失误、市场机会丧失、企业文化建设困难等问题，将直接影响企业在东道国市场的存亡。

事实上，跨国企业及其营销传播代理商，或出于对东道国市场的重视，或出于对反全球化思潮的消弭，都于有意无意中履行着共同体思维所指引的企业行为，主要体现为在目标市场在地化营销传播过程中主动适应经济全球化趋势，遵循经济规律和市场秩序，根据代理品牌的特征开展因地制宜的传播策略，注重与客户、消费者之间的关系营销，注重承担企业公民的社会责任，注重与目标市场国整体环境间和谐共存，塑造国际品牌、开拓国际市场，与东道国市场成为生存发展的利益及命运共同体。

跨国营销传播企业的共同体思维，主要在于同东道国市场中的客户、消费者、政府等其他各类社会组织之间的关系把握与角色认知。

面向客户、消费者——对跨国营销传播企业而言，顾客价值理论、客户关系管理理论在其面向客户、面向消费者的营销传播过程中能够发挥重要作用，指引其注重与客户、与消费者的关系营销，构建共同体。

顾客价值理论强调企业应真正站在顾客的角度上来看待产品和服务的价值，这种价值不是由企业决定的，而是由顾客决定的。该理论的提出本就意味着企业营销活动要以顾客为中心，在设计、生产和提供产品时以顾客为导向，满足顾客需求。该理论强调企业应基于自身的竞争优势，向目标顾客提供超越竞争对手的价值，促进顾客与企业之间的良性、可持续地互动。美国市场营销专家劳特朋（Lauteborn）是较早地认识顾客价值的学者之一。他对顾客价值的阐述主要体现在于1990年提出的4Cs理论中。4Cs理论注重以顾客需求为导向，注重了解顾客的价值需求，用沟通取代促销，强调企业应重视与顾客的双向沟通，以积极的方式适应顾客的情感、协调矛盾、融洽感情，通过充分倾听用户意见，满足他们需求，来提高顾客的忠诚度，降低顾客的流失率，建立基于共同利益上的新型企业—顾客关系，顾客更是共同创造价值的伙伴。4Cs 之后出现的 4R 理论强调关联（Relevancy）、反映（Respond）、关系（Relation）以及回报（Return），认为企业与顾客是一个命运共同体，建立并发展与顾客之间的长期关系是企业经营的核心理念和最重要的内容。在相互影响的市场中，对经营者来说最现实的问题不在于如何控制、制订和实施计划，而在于如何站在顾客的角度及时地倾听和从推测性商业模式转移成为高度回应需求的商业模式。在企业与客户的关系发生了本质性变化的市场环境中，抢占市场的关键已经转变为与顾客建立长期而稳固的关系。4R 理论着眼于企业与顾客的互动与双赢，重视通过企业与顾客之间的合作与关联，达到与顾客建立长期的互利、互惠关系。

在现代化的企业营销管理中，对于企业的长期发展而言，对客户关系进行有效的管理有助于更好地维护客户，更能够帮助企业将短期客户、潜在的客户发展为长期客户，进而大大增加企业的营销范围，实现长效的经济利益。对于客户关系的管理主要源于以客户为中心的新的商业模式，企业通过销售、市场服务等相关部门提供具有个性化的客户资料，使得企业与客户之间建立起卓有成效的"一对一关系"，进而使得企业能够为客户提供更加优质的服务，提升客户的满意度。对客户关系的管理在某种程度上体现企业的管理模式与营销策略，加强对客户关系的管理能够有效提升企业的发展空间，帮助企业提升市场竞争力。

面向社会——跨国企业、国际营销传播主体在开展跨国经营时面临着复杂的国际关系，涉及不同国家的利益相关者，需承担更多的社会责任来平衡国家之间、企业之间及企业与社会间的利益关系，这些都敦促跨国企业更加注重社会责任。跨国营销传播企业除了兼具一般跨国企业所共有的社会责任以外，还具有独特的行业特征，营销传播领域的自律准则、各项法律规章制度等皆需要遵守，也是承担企业社会责任的体现。

企业社会责任（Corporate Social Responsibility，简称 CSR）的提出是现代社会文明发展到一定阶段的产物，是指特定时期社会（含国际社会）对企业应该肩负义务或承担责任的特定期望，以及企业在自愿基础上给予这一特定社会期望的回应，体现了企业发展中权利与义务（责任）、效益与公益、利己与利他、目标与手段的具体的历史的统一，是企业在自愿基础上对以人为本、全面、协调和可持续发展的义务或责任。从责任内容来讲，首先是经济责任，然后依次是社会公益、道德责任、慈善责任。从责任对象来讲，首先是股东、企业员工，然后依次是债权人、顾客、供应商、当地社区、生态环境、弱势群体帮扶、灾难救助、慈善捐助等，即企业不仅追求自身经济利益、实现股东利润最大化，而且还要兼顾利益相关者利益，要兼顾公益，如本地社区发展、弱势群体帮扶、受灾民众救助等。

企业社会责任构成企业可持续发展的基础。一方面，企业生存于社会的大环境中，其经营活动无不与社会的整体运行和发展息息相关；另一方面，社会是企业之母，企业只有依靠社会才能生存、发展和壮大。具体说来，企业作为现代社会这个庞大系统中的有机组件之一，在其经营管理实践中和整个社会的其他组织、个人发生着大量的互动。企业的经营离不开与包括公众、顾客、雇员、股东、供应商、政府组织、非政府组织以及媒体等在内的利益相关者的交互。企业一方面在为社会、为利益相关者创造财富，另一方面也从社会、从利益相关者处索取资源，而资源的索取往往构成企业创造财富的基础和前提。企业在创造财富、实现利润的同时，有义务承担起回报社会、增进社会福利的责任。因此，企业的发展离不开社会的支持，企业存在于一个宏观的社会系统中，如果企业积极履行社会责任，将自身定位为有益于社会系统发展的组织，那么伴随着企业与社会系统的良性互动，企业的社会责任、社会支持同自身发展将构成良性的互动，使企业具备可持续发展的基础。

随着社会文明的进步，越来越多的企业意识到，企业不仅仅是盈利单位，更是社会单元。企业作为社会的细胞，积极履行社会责任有助于整个社会的发展与进步。甚至可以说，企业要想实现自身利益，就必须要以社会公众利益的实现为前提，如果不顾社会公众利益，不承担社会责任，就会降低品牌形象，在市场竞争中处于劣势，甚至失去参与竞争的资格。

积极承担社会责任，有助于带动品牌影响力和竞争软实力的提升。在产品同质化的今天，品牌竞争力包含了企业在资源、能力、技术、管理、营销、人力资源等方面的综合优势，是企业核心竞争力最持久的外在表现。企业作为独立的经济实体，具有法人资格的同时还具有"道德人格"，企业主动承担社会责任，就是对企业品牌的投资、对信誉的投资和对社会形象的投资，有利于提高自己在政府和公众心目中的地位，提升自己的竞争软实力。重视企业社会责任，打造一个良好的负责任的企业形象无疑是提升竞争软实力的重要手段。

在全球化的今天，社会责任已成为一项国际商业贸易的规则。跨国企业为实现其品牌战略必须重视公司责任的建设，增强其竞争软实力。跨国企业在"走出去"过程中，要打造全世界人民信赖的国际品牌，树立有特色的品牌文化。而跨国营销传播企业其主要服务在于塑造品牌形象、传递品牌价值，因此更应该注重母国形象的树立，在所在地积极履行社会责任，社会责任对于走出去的跨国企业实现其跨国品牌战略有着十分重要的作用。

就跨国营销传播企业而言，其在提供服务时，直接对象是意欲进行品牌建设与传播的企业（客户），间接对象是消费或关注客户产品或服务的消费者。与客户、消费者之间的关系营销成为跨国营销传播企业发展中尤为重要的问题，唯有深入做好关系营销，及时掌握目标市场环境变化、客户与消费者发展状况，并在地化针对性制定最优营销策略，才能实现利益最大化。

跨国营销传播企业在东道国市场不仅要利用当地资源、谋求经济盈利，同时要采取有利于目标国利益的在地化举措，树立正确的义利观，同所在地国家的客户及社会共同发展，获得良好的形象及美誉度，跟当地形成共生共荣的关系，构建利益乃至命运共同体，更好地促进自身发展。

对跨国营销传播企业而言，其服务面向的人群有两部分，分别是代理品牌的客户与消费或关注产品的消费者。对客户与消费者进行关系营销，可以采取以下方式：

以客户为发展核心，准确把握客户传播需求。

针对客户，跨国营销传播集团应该明确客户需求、充分了解客户品牌与产品，在权威严谨的市场调研、消费者调查基础上，根据产品目标市场国实施在地化传播策略；在营销传播过程中保持与客户的紧密联系，及时跟进切实反馈，力求在双方合力作用下实现传播效果的最大化，促成客户品牌塑造、市场扩张，达成传播目标。跨国营销传播企业想要发展，想要从竞争激烈的海外市场中脱颖而出，就需要有大量的客户，并与客户构建良好合作的关系。为了达到这一目的，跨国营销传播企业就需要对客户需求深入了解，并将其看作企业工作的发展趋势，深入考察市场环境，结合客户实际情况选择与其产品或服务相符的目标市场与目标人群，以此来提高传播投放精度与准度。经济营销方式多样化，造成客户关系的复杂化，同时也要求客户关系管理的科学化与信息化。现代营销管理从客户关系管理入手，系统、深入地分析客户需求，以周到的、便捷的服务来获得客户青睐。在这样的市场环境中，需要构建合理的、完善的客户评价等级机制，准确把握客户需求，让客户更加满意企业服务。

以消费者为反馈核心，精准定位消费者特征。

跨国传播集团一方面应该深入了解所营销产品的消费群体，获取充足的消费者信息数据，对其人群特征、兴趣爱好、需求偏向等有一定的清晰概念（准确掌握消费者特征），选择针对性的传播手段与渠道，从消费者角度制定产品与服务传播策略；另一方面，在营销传播过程中应尊重消费者权益、维护消费者利益，传递真实有效的产品信息与品牌形象，不恶意诱导、假意欺骗消费者，对消费者负责。

跨国营销传播企业作为品牌与消费者之间的承接者，应注重了解消费者对于服务或产品的建议与反馈，进而提供给品牌主，促进其完善提高后回馈消费者。兼顾客户与消费者，构建与两者的命运共同体，在地化营销传播进程中实现共赢。

从社会层面来看，国际营销传播企业也需积极履行社会责任，成为东道国的良好企业公民，实现跨国企业的经济效益和当地社会效益的平衡发展，承担对社会、对民众以及对政府的责任。概括地讲，就是要严格遵守东道国的法律法规，尊重所在国的文化习惯、宗教习俗等；要保证服务的质量，承担对客户、对消费者的责任；此外，要更多地关注当地雇员的权利，维护当地生态环境、降低和减少资源浪费与环境污染；在力所能及之余，投身基建与公益项目，塑造良好的投资人形象。

具体而言要努力做到以下几点：管理好兼并、收购的海外公司，并与其形成合力，积极承担社会责任、树立统一的企业形象；管理好供应商，规范媒体，尤其是网络媒体供应商的行为，按照相应的企业社会责任标准审慎选用目标媒体；积极参与当地社会公益事业，定期发布企业社会责任报告。此举将有助于形成良好的外部评价效果，获得社会广泛认可，从而提升品牌影响力，建立国际公信力，打造企业的良好口碑，更有助于建立合作伙伴对于企业的长期信心，助力业务发展。

二、蓝色光标的共同体思维

当下，越来越多的企业正在经历从商品国际化向资本国际化的过渡，国际营销正逐渐从出口营销过渡到跨国营销，尽管海内外企业已在全力适应这样的转变过程，但同时也要意识到，这样的跨国营销最终将演变为全球营销。蓝色光标是国际营销传播集团，自身需要具备该认知的同时，也需要将其代入所服务与合作的企业，为客户的跨国营销保驾护航。保障企业的繁荣发展，也是为蓝标自身的发展之路作出保障。

蓝色光标依托其海外的全资子公司蓝标国际，不断与客户、消费者、所在地社会构建共同体。凭借对中国品牌的深入理解和丰富的海外营销洞察，积累了丰富数据和深入洞察，深谙客户需求，助力中国品牌在复杂多变的海外市场进行高效传播，帮助客户降低企业出海成本，创造超越竞争对手的品牌竞争力,打动国际消费者并赢得他们的信任。蓝标集团通过科学有效的、国际化的洞察和数字化品牌营销之道,帮助客户构建卓越的营销传播体系,用品牌的力量使客户实现商业目标,用品牌的力量驱动企业的持续发展,协助更多的中国企业塑造国际化的品牌形象,创造出具有鲜明个性、具有差异度和辨识度的全球化品牌,在世界范围内树立属于中国企业的优秀品牌形象。蓝色光标在媒体关系、舆情管理、危机传播管理、内容创新、客户服务、事件营销等方面不断发掘自身潜力,将自身的利益与客户的利益视为一体,积极为客户实现目标与愿景。

蓝色光标践行与客户建立命运共同体的理念,为其谋得深远发展。蓝色光标自代理贵州茅台品牌伊始,始终秉承"专业立身,卓越执行"的经营理念,成为首家在茅台酒厂驻场的合作单位,为其提供营销传播、跨越转型、品牌出海等各方面诉求相对应的精准在地化策略。2016 年,蓝标为茅台策划实施了"德国茅台文化交流协会""'一带一路'纪念酒""中德文化交流大使"等具有战略意义的项目,为茅台"一带一路"行奠定了高基准、高格调,使茅台作为中国民族品牌的代表,成为国内首家践行国家级战略政策的酒企。与此同时,蓝标借助丰富的海外媒体资源,在国外报纸杂志、机场大屏、社交媒体等多种媒体阵地上为茅台发声,将茅台故事讲出了新的高度。2017 年,蓝色光标集团旗下蓝标数字(上海)凭借连续两年为茅台承办大型海外品牌推广活动而荣获"最佳品牌推广"奖,因连续 4 年专业优质的公关舆情管理服务荣获"最佳公关案例"奖。

蓝色光标传播集团在努力创造经济效益的同时,也一直积极履行社会公益方面的责任和义务。2011 年,蓝色光标设立专门的企业社会责任(CSR)管理部门。为了推动公益事业,促使员工参与公益成为一种职业习惯,蓝标还建立了蓝色光标公益(简称"蓝公益")项目平台,该平台主要由蓝标数字一线员工组成,并由蓝色光标集团公司资深的员工作为项目导师提供智力和策划支持,通过资助、公司志愿服务、员工志愿者活动等方式支持和参与公益项目,主要涉及教育、环保、NGO 支持等领域。先后参与了多个为公益基金会和 NGO 提供无偿专业服务的项目，如阿拉善生态基金会（AEF）、永源公益基金会的"爱飞翔"乡村教师培训项目、北京工友之家的儿童关爱项目等。在国际层面，蓝公益为 IFAW（国际爱护动物基金会）提供专业志愿服务，推动"海豹公益项目""大象语者"等活动的落地执行，取得了良好的传播效果。除了直接的公益资助外，蓝色光标也将"绿色办公"理念贯穿到公司治理的各个环节中，努力成为承担环境责任的实践者和推动者，还以专业能力为公益组织提供服务，向多家公益组织提供了持续性的咨询志愿服务。

　　蓝色光标的国际化发展战略及进程中体现着充分的在地化理念与行动。蓝标的在地化探索可分为两个显著阶段：一个阶段为 2010—2013 年，在此期间，蓝色光标成为中国国内首家上市的公共关系企业，这一重大事件具有多重意义，其中包括蓝标为其代理客户如联想、思科（Cisco）等进行面向国际目标市场的在地化传播，也包括自身在国际目标市场的在地化的开始。另一个阶段为 2013 年至今，蓝色光标"数字化、国际化"两大发展方向，开启"蓝标国际"的步伐，是蓝色光标已然以中国营销传播企业的身份跻身于国际市场重要国家的表现。此后，凭借对中国品牌的深入理解和丰富的海外营销洞察，以蓝标国际为代表的蓝色光标成为目前唯一具有全球覆盖能力、深谙目标市场需求、积极助力企业海外沟通与传播的中国营销传播企业。

　　蓝色光标的在地化，是伴随着自身及客户国际化进程的在地化，是为了自身及客户的国际化而实施的在地化，是为了自身及客户能够在国际市场共同可持续发展而选择的在地化。蓝色光标通过在地化，为客户提供广告、公共关系、数字营销、媒介策划、整合传播等服务，助力品牌主跨越差异，将产品或服务推广到目标市场，达到使当地受众了解、接受甚至喜欢品牌及产品的传播效果。

延伸阅读

蓝色光标国际化发展中的经典案例

贵州茅台："一带一路"行之德国汉堡

贵州茅台自 2013 年起成为蓝标的重要客户之一。对茅台的营销传播服务主要由蓝标集团旗下的蓝标数字（上海）具体执行。除茅台外，蓝标服务的中国白酒生产企业还有水井坊和中国劲酒。蓝色光标凭借着自身的优势和对市场的深刻洞察，从公共关系、营销活动，再到电商平台的运营，都力求对中国白酒企业的品牌传播形成良好的助推力，包括此类企业在海外市场的营销传播。

在面向国际市场的营销传播过程中，中国白酒企业十分重视企业及品牌形象的塑造，尤其重视公共关系对品牌的推动作用。蓝色光标是基于传统公关行业发展起来的营销传播集团，在媒体关系、舆情管理、危机处置、广告创意、体育营销、事件营销等方面均有良好的竞争优势，在媒介资源、服务价值、反应速度等方面也收获了积极评价。此外，蓝标在数字营销方面也具有明显优势，蓝标秉持"内容、技术 + 服务"的理念，已完成了 CRM、自媒体、大数据等方面的整合，蓝标数字依托集团的优势，为中国酒企提供电商、移动广告、OTT（Over The Top，即开放数据服务）等方面的新兴业务，帮助酒企利用大数据、DSP（Demand-Side Platform，即需求方平台）广告等实现精准营销。

1915 年，在巴拿马国际博览会获得金奖是茅台走向世界的起点。2015 年，茅台荣获巴拿马万国博览会金奖已 100 周年，茅台遂顺势开启了"一带一路"品牌推介活动。2016 年，茅台集团来到德国，开展了以"与德国干杯"为主题的中国茅台在德国的推介活动，12 月 6 日，在汉堡爱丽舍酒店举行了展览开幕仪式，众多德国政商名流参加了活动，活动友好和谐，气氛热烈。爱丽舍酒店会议大厅入口处，一个高达三米的硕大茅台酒瓶，伫立在"茅台百年品牌文化展"展厅中央；嘉宾被各种年份茅台酒、茅台生肖酒、茅台纪念酒等茅台精品所吸引而驻足端详；德国调酒师现场调制的茅台鸡尾酒，让很多来宾体会到一种"奇特而丰富的滋味"，一种中西合璧幻化出来的"神秘醇香"。在与会嘉宾的共同见证下，德国"茅台文化交流协会"宣告成立，"一带一路"纪念酒也正式亮相，将活动推向了高潮。此次活动给众多德国来宾留下了中国白酒热烈醇厚美好而深刻的记忆。在信息传播方面，关于茅台品牌的相关资讯及此次活动的消息通过报纸杂志、机场大屏、社交媒体等传递到了更广泛的民众中间，将茅台故事讲出了新的广度和高度。

2018 年，以"茅台之夜"为主题的茅台品鉴会再次于德国汉堡举行，茅台德国经销商携手当地建于 1964 年的中餐粤菜馆，邀请汉堡市社会各界的中华美食美酒爱好者欢聚一堂，共尝中国美食，同品茅台佳酿。茅台的德国经销商 Wisdom Express GmbH 通过此次品鉴会向当地消费者宣推中国白酒，传播国酒文化，听者无不对茅台精益求精的品质以及中国博大精深的白酒文化表示赞赏。该活动也取得了极佳的传播效应，获得了多家媒体的关注与报道。

江苏洋河：将中国白酒文化带到法兰西

江苏洋河股份有限公司位于江苏省宿迁市洋河新区，旗下拥有洋河、双沟、来安三大酿酒生产基地和苏酒集团贸易股份有限公司。洋河酒业存在一定的营销传播力度不足、利润增长乏力问题；企业的促销和管理费用占比较大，这在某种程度上反映出洋河酒业用户黏性、忠诚度不足的问题。为了改善企业的市场表现，强化品牌—消费者关系，洋河酒业积极参与中国文化海外传播的文化外交活动，并收获了良好的传播效应。

2018 年 2 月，一场别开生面的中法文化交流活动"欢乐春节——法兰西梦之蓝之夜"在巴黎拉开帷幕。法国前部长德勃雷、波旁公主贝雅特丽丝、巴黎六区区长勒考克等法方人士以及时任中国常驻联合国教科文组织大使衔代表沈阳、时任中国驻法国大使馆领事部主任陆青江参赞等中方人士参加了该活动。现场，由中国烹饪大师、首位获博古斯世界烹饪大赛大奖的亚洲大厨王海东带队的顶级名厨团队，与法国米其林星级厨师达尼埃尔·尚邦一道联袂为中法来宾献上了一桌中西合璧、创新融合的特殊的年夜饭——"梦之蓝格调菜单"。

该活动是中国文化部全球"欢乐春节"项目在巴黎的核心活动之一，洋河股份是该活动的三大主办方之一。洋河股份以中国文化大使的身份，将中国特有的"年"文化、酒文化和美食文化全方位展现给现场近 300 名中法来宾。洋河"梦之蓝"属于绵柔型白酒，是最容易被海外不同地区、不同文化背景消费者所接受的白酒品类，在中国白酒文化的国际化推广进程中发挥着不可取代的排头兵作用。在"法兰西梦之蓝之夜"以前，文化部"欢乐春节"这一文化传播活动已连续成功举办过六届，在国际上享有较高的美誉度。洋河酒业借助这一具有国际影响力的大型综合性文化活动品牌举办"法兰西梦之蓝之夜"，在达到中法交流目的同时，也促成了企业自身品牌、中国白酒整体的海外传播。

活动在潜移默化中传递了中国品牌的形象，更传递了正向的文化价值和民族情感。活动受到各类媒体的广泛关注与报道，央媒驻法国媒体、法国华文媒体、法国媒体、国内行业及营销类媒体，共刊发 72 篇稿件；中央电视台财经频道和中文国际频道的两档节目于 2 月 13 日、14 日进行 2 次专题报道。在国内，高质量的二次传播引发"梦之蓝"进军国际市场、引领中国白酒潮流的讨论；活动及相关视频产生 15 万次＋的观看量，23 个微博、微信账号共产生 6 篇 10 万＋文章，总浏览量达到 118 万＋。

此次活动具有诸多典型意义和可圈可点之处。首先是主动创造受众乐于接受的话题，"欢乐春节——法兰西梦之蓝之夜"将品牌与法国受众的审美进行了恰到好处的交融，充满了法国人习惯的放松与休闲之感，使得活动更好地吸引了目标受众的注意力；其次是活动通过餐饮文化中的酒文化作为纽带，能够调动受众的参与感，激发受众对产品产生兴趣或共鸣。蓝标不仅为洋河酒业相关品牌的出海提供了从前期策划到后期执行的全方位的优质服务，同时也是中华人民共和国文化部（现为中华人民共和国文化和旅游部）进行中华文化对外传播的代理商。此次"欢乐春节——法兰西梦之蓝之夜"活动可谓一举多得，不但为洋河出海营销战略打下了坚实的一步，更是一个资源共享、三方受益、多元联动、合作共赢的典型案例。

海尔：举办全球粉丝狂欢节

作为国际知名品牌，海尔在海内外拥有数量庞大的消费者粉丝。但是，在海外社交媒体维护方面，存在品牌账号众多、粉丝分散、粉丝群体彼此分隔等问题，这就导致海尔对各区域媒体账号的把控力薄弱，各区域分部与集团总部在传播调性和传播主题上时常难以步调、口径一致，出海营销传播受到一定的掣肘。鉴于此，海尔希望通过一场面向全球粉丝的新年家庭狂欢，聚合各区域市场粉丝，加强集团总部的国际化品牌管理，以逐步统一海外社交媒体声量出口；同时进一步吸引海外已有粉丝和潜在粉丝对海尔品牌的关注度，提高品牌海外声量，为后续可能的区域爆品宣传提供媒介通路。

作为代理商，蓝标为海尔策划了以先声夺人、强势预热、全球联动为线索的活动方案。活动首发为讲述海尔品牌故事，以此为 2020 全年品牌活动的预热，并成功输出海尔"为用户创造美好生活"的品牌定位；接着通过打造家电粉丝节 ICON，以调动全球粉丝价值，并借新年之际回馈粉丝，打造专属海尔粉丝的美好生活主题狂欢；然后进行全球市场总部分部、海尔主页的协同联动，开展了一场仪式化的线上狂欢，以实现对粉丝的强有力吸引，极大提升了海尔社交媒体的品牌传播力；最后打通线上线下的边界，实行终端的联通互动，以刺激销售转化率。

此次"全球粉丝节"狂欢活动最终收获 1 亿多次的总曝光量，话题互动量达到 401 万多次，海尔的品牌粉丝增长 11 万余；同时，本次活动大大同步了各个社交账号的步调，加强了协同力及把控力，为海尔后续的出海营销传播形成了较为稳固的注意力根基。

Vivo × PUBG：借力合力以 IP 拓展东南亚市场

Vivo 是中国本土智能手机品牌，目标消费人群是追求乐趣、充满活力的年轻时尚一族。Vivo 旨在打造拥有卓越外观、专业级音质、极致影像，能够带给用户愉悦体验的智能产品。2014 年，Vivo 品牌全面开启国际化之路，除中国大陆市场外，Vivo 进驻的海外市场包含印度、泰国、缅甸、马来西亚、印度尼西亚、越南和菲律宾。Vivo 在拓展全球化市场过程中，致力于"科技与时尚"的探索和创造，营销战役常以拍照为主打功能点，在海外尤其是东南亚地区，拥有很高的影响力和知名度。

但是，面对手机市场快速更新迭代以及消费者群体对手机产品需求不断多元化的现状，Vivo 需要找到新的与消费者对话的沟通点。在海外市场各大品牌已具备较高知名度和占有率的情况下，Vivo 如何提高自身的市场认知与好感，促进主打产品的销售，成为该品牌营销传播的两大挑战。

PUBG 是由腾讯旗下腾讯游戏投资、蓝洞公司开发的一款战术竞技游戏，中文名为《绝地求生》。该游戏画面质感细腻，在多人对抗的体验上有着非凡的魅力，因此拥有大量玩家，也获得较高的行业内认可度。网游、手游的消费主力是 90 后、00 后乃至 10 后的青少年人群，而 Vivo 手机的目标消费群体也包含青少年人群，于是，Vivo 冠名了 PMCO（全称 PUBG MOBILE Club Open，是刺激战场国际服的职业联赛）2019 年度春季赛和秋季赛，以自身的主打机型轻松满足职业赛的严苛要求，成为该赛事的全球官方用机。此外，Vivo 与 PUBG 联名打造了全球唯一专属皮肤，该专属皮肤不仅在游戏内呈现，还在直播主持人、决赛队员、线下 Event、视频广告中出现，将独家权益叠加曝光，让品牌影响力掀至顶峰。冠名赛事之外，蓝标旗下的蓝瀚互动为 Vivo 邀请了众多游戏 KOL（即关键意见领袖）进行线上传播；举办多场激情热血的线下活动，包括点亮吉隆坡灯塔、马来西亚高空跳伞和马拉松，吸引了无数游戏爱好者参与活动。蓝瀚互动还为 Vivo 拍摄了 3 支社交媒体投放视频，在 Facebook、Google 等平台精准投放至马来西亚、泰国、巴基斯坦等国，获得了超高的点击和互动。

此次冠名以及线上线下的传播活动获得了 155 亿人次的总曝光量，Vivo 品牌共取得 1.7 亿次曝光，线上互动量超过 3000 万次。在销售端，同价位产品的同期销量高于竞品 10 倍以上，根据第三方调研报告显示，Vivo 品牌的科技属性提升了 24%、游戏体验感提升了 271.5%。

此次活动一改传统赞助形式，不仅开启了手机与游戏 IP 出海合作的新篇章，也开启了跨渠道整合、重内容创意、全链路营销的传播方式，实现了 IP 合作的声量最大化。活动还实现了全球本土化样板效果，全球多个地区形成联动效应，将 Vivo 总部的 IP 合作权益落置到全球各个区域，让 IP 合作的影响在全球多个地区持续蔓延。这次 IP 合作让 Vivo 在年轻人、Z 世代心中建立起稳固的品牌印象，扩大了 Vivo 的市场份额，交出了远超竞品销售的优秀成绩。

国航：吸引全世界的目光

中国国际航空股份有限公司，简称"国航"，于 1988 年在北京正式成立，是中国唯一载中华人民共和国国旗飞行的民用航空公司。2017 年 1 月 10 日，WPP 和凯度华通明略联合 Google 发布了首期"BrandZ 中国出海品牌 30 强"的排行榜及报告，国航成功入围 30 强，并高居第 6 位，为中国航空业品牌力得分最高的企业。

在本土市场已取得一定成绩的情况下，海外市场的开拓以及提升海外旅客对国航品牌的认知度与好感度，成为国航可持续发展的重要目标。

2019 年 4 月 29 日至 10 月 7 日，2019 年世界园艺博览会在中国举行。这是举世瞩目的博览会，对于有效推动中国文化和世界文化的融合具有积极的意义，这和国航一直坚持的理念也十分契合。国航力图借助本届世园会以及投放期间的其他热点节日进行借势营销，一方面强化中国本土消费者对国航的品牌偏好、影响力及忠诚度；另一方面在向海外旅客、全球潜在消费者推介国航品牌，以提升国航品牌的认知与记忆，利用全方位的广告覆盖促进国航订单转化、增加机票销量。

基于国际化传播这一核心目标，蓝标为国航制定了具有针对性的方案：首先是锁定目标市场，由于国航的海外目标市场分布过于分散，结合海外旅客分布等数据信息，将订单较少的欧洲、澳洲以及日本确定为国航的目标市场；其次是确定广告类型，结合网络用户在下单前会对看到的展示广告进行搜索的习惯，推出了展示类广告以及搜索类广告；再次是确定投放媒体，为了覆盖更广泛的目标人群，选择将欧洲市场使用人数最多的 Facebook 和 Google 两大互联网平台作为目标投放媒介，为了拉近和目标群体的距离，辅之以在 skyscanner &kayak 等垂直类媒体进行投放；最后是确定广告内容，结合投放期间的热点事件，选择了吸引全球注意力的"2019 北京世园会"以及目标区域用户较为重视的节日复活节作为热点，在社交媒体投放更易于被目标人群关注和感兴趣的内容，以引发海外旅客共鸣。

此次方案很好地实现了转化率，潜在消费者在 Google 或 Facebook 等社交媒体上看到国航诸如"乘坐国航 享世园优惠"活动的展示类广告并被吸引，用户进行搜索便会看到国航的搜索类广告，易于直接形成了订单转化；方案实现了提升海外旅客对国航认知度的初期目标，在民用航空行业，用户通常更看重价格，对航空公司的品牌认知度则不高，针对这种情况，国航陆续有目标性地推出了"6.6 国航特惠日"；借助复活节这一特殊时间节点，在 Facebook 平台投放了"国航复活节特惠"视频广告，同时在 Google 上投放"复活节限时特惠"display 广告，目的是在潜在消费者心里打造国航标签，培养忠诚度。

蓝标为国航进行的营销传播取得了预期的效果，国航品牌不断在目标人群认知中占据席位，成为很多海外消费者来华或去往其他国家的空乘选择。

第五章　蓝色光标国际化进程之思

　　2012 年 8 月，蓝标集团成为亚洲最大的公关公司，此后的蓝标进一步走出亚洲、扎根海外，全面提高蓝标在全球市场中的竞争实力。在自身国际化的路途上，蓝标始终有自己明确的定位与发展方向，在谋求自身国际化的同时，充分承担了中国企业"娘家人"、跨国企业的"知心人"以及跨国营销的"摆渡人"这三重角色。

第一节　蓝色光标的三重角色

　　蓝标对海内外客户提供全面支持，帮助企业消除来自东道国市场的冲突与隔阂而"健康成长"。

一、全心做中国出海企业的"娘家人"

　　蓝色光标作为中国企业的"娘家人"，除了发展自身外，更是以自身做导体、探路者、后盾，将中国企业与国际进行对接，努力帮助中国企业实现国际化。要让他国人民接受中国企业、中国品牌，首先需要了解中国、接受中国，才能有更多的意愿去了解、接受，甚至是喜欢、忠于中国产品、中国品牌、中国企业。作为中国本土营销传播集团的代表，蓝标向国际市场营销的不仅是客户的品牌、产品，更多是品牌的内在含义以及其背后所依属的国家。统观近几年蓝标筹备和参与的项目，不仅着力于中国企业的发展，更推动了中国形象、中国情感、中国文化在海外的传播。

较早在此方面产生良性效果的是蓝标借助 2016 北京车展为长安汽车所进行的海外社交平台传播推广。在 2016 年车展上，长安汽车并没有全新车型展出，长安品牌若想在全球范围内引起社交话题面临较大的难度。与国际知名车企相比，中国车企在新品研发、技术试验等方面的资源和投入还是较为有限的。长安汽车的无人驾驶技术在国内车企甚至国际上都拥有一定的技术优势，但市场认知度并不高。作为长安汽车的乙方，蓝标国际旗下营销品牌 We Are Social 策划使用了"长安汽车自重庆至北京 2000 公里无人驾驶参加车展"的话题，将长安汽车的无人驾驶技术与 VR 360 度视频相结合，在海外社交媒体 Facebook 上进行传播，为长安品牌增加影响力。视频投放后，收获了近 200 万次帖子曝光量，630000 次视频观看量，240000 次粉丝互动量，总互动率达 12.5%，活动期间新增 Facebook 粉丝 30000 个，实现了预期的传播目标，赢得了客户的满意。

2016 年 6 月的"1 号店——买下全世界"项目体现了蓝标对于中国企业走出去的务实努力。1 号店，对于中国电子商务行业"网上超市"概念的落地而言，具有开创性意义。公司独立研发出在国际上具有领先水平的电商管理系统，具有高效率、低成本、高兼容性、可扩性等特征，以此保证高质量商品的经济、快速、高效流通。但是，1 号店的竞争力并不强，国内有"老前辈"淘宝，同期电商平台如京东、当当以及后起之秀唯品会等的强大冲击，更有海购集合平台亚马逊的挑战。在如此激烈的竞争环境下，如何在众多电子商务平台中保持竞争优势？在此背景下，蓝色光标为客户策划了一场"1 号店——买下全世界"的活动。在 1 号店 8 周年店庆期间，1 号店买下了纽约时代广场、东京涩谷十字街、韩国光华门、北京盘古大观、上海花旗大厦五地 7 月 7 日至 7 月 13 日期间的大屏广告，打出口号——"你购得到世界"。同时在微博、微信等社交媒体制造 1 号店"买下全世界"的话题，以引发海内外公众的关注、点击、评论及转发。活动使人们了解到 1 号店的进口商品毫不逊色于国外的电商平台，甚至接受了"1 号店，可以满足你对进口商品的所有消费需求"这样的消费理念。虽然此项目的目标群体主要是国人，但整个活动覆盖范围十分之广，除中国本土外，涵盖美国、韩国、日本三个消费大国。"你购得到世界"户外广告投放在多个国家的标志性媒介线上线下进行交互传播，使得该事件也很好地触达国际受众。全球超过 4900 万人次了解或参与了该事件，整体线上曝光量超过 2300 万，同时获得新浪微博首页热门推荐。蓝标为 1 号店策划执行的此次活动，不仅是一次大投入、大手笔的全球性事件，更是中国企业在国际上展示自身形象的气魄。该项目在 2016 年的金旗奖之海外传播类别中获得金奖。

　　蓝标国际还利用社交媒体帮助中国台湾企业宏碁顺利进入了国际市场。蓝标国际根据宏碁的品牌调性及目标市场受众的文化心理、消费习惯，一反数字电子设备通常选择理性诉求方式进行营销传播的常规，决策走感性路线、以情动人，用故事唤起消费者的情感共鸣。蓝标国际制作了走心的微电影来助推新品发布——微电影脚本是一个引人入胜的故事，以法国音乐制作人游历伦敦、制作音乐唱片和芭蕾舞者的自我成长为切入点，在故事脚本和演员独白中融入品牌对创意、美感、标准的不懈追求，与此同时突出宏碁产品的特性。同时，蓝标在社交媒体上发布话题与受众形成互动，巧妙地结合产品卖点，以 Spin Me To Life with Acer 为传播主题，以音乐切入，突出推广产品在创意方面的特点；以 Dare To Be Swift with Acer 为传播主题，以舞蹈切入，突出另一款推广产品优雅的特性；邀请英法音乐制作人和粉丝出演微电影，让观众在故事中了解 Acer Spin 的产品优势。微电影产生了很好的传播效果，视频受到海外受众关注，传播周期内观看总量近 1000 万次，收视率为 51.2%，实现了海外受众的良好触达，宏碁品牌与海外观众建立了良好的情感连接，宏碁电脑 Swift 7 直接化身成优雅的代名词。

二、真心做来华企业的"知心人"

自 2015 年成立国际事业群组以来，蓝标持续通过并购发展壮大实力，着力于帮助中国企业"走出去"，同时也注重为外资企业提供"引进来"的方式方法，助力外企尽快适应中国国情，在原有企业文化的基础上加入中国文化进行融合，在中国的土地上生根发芽，以更符合中国国情的方式"结果长大"。让外企在中国发展的同时，更多的是国家文化间的互动与融合。

近年来，蓝标与众多外企进行了合作，包括百事可乐、麦当劳、肯德基、必胜客、乐事、雀巢、红牛、美赞臣、星巴克、滴露、杜蕾斯、索尼、佳能、巴宝莉、奔驰、宝马、奥迪、路虎、丰田等国际知名品牌，帮助其旗下产品以更本土化的方式进入中国市场，助力外国来华企业真正地走入中国，走近中国，挖掘产品、品牌背后的诉求与内涵，让外企的力量与中国的国情相结合，真正做到理念与文化的融合，实现海外品牌的本土化，成为来华企业的"知心人"。

2019 年，蓝标数字上海团队帮助百事可乐策划执行了"让传统技艺被看见"的项目，令百事公益与非遗刺绣进行了一场跨界联合，这个公益性的公共关系活动帮助双方实现了真正的双赢。

百事可乐作为潮流文化的符号，有扶持并助力原创力量的既往传承；刺绣作为中国非遗的重要组成部分，凝聚着传统文化中的原创设计力量。基于两者的共性，蓝标策划执行了以下具体活动。一是以现代化的设计与彝绣、苗绣、京绣、瑶绣等典型刺绣技艺相结合，组织近百位刺绣手工艺人，绣制出长 10 米、高 1.2 米的《百家印记新春绣》长卷，呈现了天南地北的民俗文化样式。这幅绣品既是中国第一幅通过刺绣艺术展现中国各地独特年俗风景的长卷绣品，也是让传统文化"年轻"起来的一次尝试；二是把绣制长卷的幕后故事记录下来，制成非遗纪录片《和妈妈一起"绣"文化》。纪录片讲述了绣工阿妈们的家庭与刺绣之间密不可分的关系，以及她们在传承刺绣技艺的历程中的情感牵绊与质朴热爱。为了进一步让刺绣文化被更多人了解，蓝标还为百事可乐策划了两个互动项目，即与中国妇基会"妈妈制造"公益项目展开合作，在2019"百事盖念店"上推出瑶绣潮流环保袋，推出"溯源""共融""焕新"3款寓意深刻的非遗刺绣限量罐。基于上述，蓝标推进百事设立了"妈妈制造广东省游溪镇瑶绣合作社"，持续给刺绣传承人提供工作机会，探索从物质扶贫到持续造血的公益创新模式。蓝标的策划打破了潮流与传统的边界，将百事与刺绣非遗在原创精神的文化内涵上的共通性、契合点进行了完美的结合，使两者在此项目中均表现得浑然天成。此项目一方面让非遗实实在在被看到、被了解、被传承，给传统文化增加了年轻化的表达方式，更使得百事可乐与中国刺绣文化、年俗文化形成了深度互动、有机融合。项目获得了良好的传播反响——仅纪录片在梨视频微博平台上独家发布后，就引发网友对于刺绣和非遗相关话题的热议，3天播放量即突破300万。

三、用心做国际营销的"摆渡人"

跨国际营销活动中，营销传播主体需要整体、全面地进入东道国市场，通过分析东道国与母国间存在的差异与类同，将企业形象、企业理念与东道国的社会及市场环境相结合，以此适应当地"水土"，适应、吸收东道国的文化，感受当地的风土人情，与东道国形成双向沟通，消弭消费者与产品之间的距离，取得东道国消费者的好感与信赖，建立声望，进而在此基础上实现自身的发展。在此要求下，跨国营销需要在传统的4P营销基础上，增加至6P，即除了产品、定价、渠道、沟通促销外，还需保证政治能力与公共关系，需要与东道国的商界、政府机构、社会公众直接接触，与当地其他企业以及社会公众进行积极互动，以此合力对自身品牌形成保障。当然，尽管跨国企业需要针对东道国的具体环境开展营销传播活动，国际营销得以成功的关键之一，是需要找到优质的、合适的营销传播代理商，在持久、稳定的合作状态下，完成项目的质量，建立起优质的品牌形象，进而取得东道国企业、消费者的喜爱与信赖。

对于开展跨国影响的品牌主而言，要想在东道国市场获得一席之地，就要建立、深化与消费者的联系。蓝色光标作为具有全球视野的大型营销传播集团，就像"摆渡人"，在品牌主开展跨国营销的过程中承担联结、引导、中介的功能，对品牌主能够在东道国更顺畅地传播发挥着重要作用。蓝色光标秉承"以消费者为中心，以营销效果为目标，以内容创意为核心，以智能营销为向导"的品牌理念，在总结过往经验教训的基础上，保持思考，着眼最新机遇与挑战，在业务范围内精耕细作，致力于为越来越多的"无国籍企业"探索趋利避害的最优解法，为海内外品牌打造出无数现象级的营销活动方案，在竞争激烈的海外市场打造国际化、全球化品牌，为跨国营销的企业提供全方位的整合营销传播服务。

宝洁是较早在海外开拓市场的跨国企业之一，也是蓝标近年来的重要客户。蓝标负责宝洁旗下相关品牌在全球多地的营销传播。2016 年，蓝标将宝洁旗下品牌的品牌调性及产品特性与英国目标消费者的文化观念、生活方式进行充分结合，策划了"舞出洁净家居空间"项目。每年一度的春季大扫除对于人们来说都是一次最艰巨的任务，打扫卫生无疑是一件苦差事，加之现在很多上班族没有充裕的时间来做家务，所以更加希望能够寻求到轻松快捷的扫除方式。在洞察了传统习俗及现代化节奏的碰撞带给人们的不便后，蓝标为宝洁策划了"舞出洁净家居空间"主题活动：蓝标与小野猫组合前成员 Kimberly Wyatt 合作，从宝洁旗下产品 Flash、Fairy、Viakal 和 Febreze 中汲取灵感，编排出相应的舞步，拍摄制作了四组视频短片。短片中借助合适的清洗用品，配合美妙的音乐和舞步，氛围轻快美妙，带给人愉悦之感。这项活动得到包括每日邮报、一个影响力节目、Magic FM 电台等多家英国国内媒体争相报道，活动覆盖 40 家媒体的 3.76 亿受众。在社交媒体上，视频的浏览量为 186144 次，在 Facebook 上超过 101000 次互动量。Kimberly Wyatt 通过她的社交媒体平台发布了短片。活动期间，同步通过线下门店的陈列展示进行传播，核心零售商的产品销量明显上涨。

为了帮助客户索尼向英国受众传递 Z 系列平板电脑的屏幕清晰度，蓝标通过细腻有致、彰显技术魅力的策划执行，打造了一个完全数字化的画廊——

与洛杉矶著名艺术家 Tyler Shields 合作，将 70 个平板电脑变成了"数字画布"，展示一系列由模特和色彩艳丽的粉末颜料组合而成的特别的艺术作品，在伦敦肖尔迪奇区专门打造了一个以品牌名为核心的"索尼画廊"。因其为英国首个"平板电脑画廊"，因此得到众多媒体的广泛关注，获得了来自全国性、时尚生活、文化、艺术和潮流媒体的 73 篇报道。媒体对画展中的艺术作品及索尼平板电脑进行了充满新鲜感和认可度的介绍与评论；200 多位媒体人、博主以及 VIP 嘉宾出席了这次非公开展览；由于媒体及意见领袖效应，诸多受众也被吸引，对此画廊形成高度关注，为期三天的画廊公众开放日时，超过 1000 人前往参观。凭借这次成功的活动，带给索尼超过 3000 台平板电脑的销量，而蓝色光标也一举夺得 2014 年的 SABRE 金奖。

蓝色光标助力品牌主深化与东道国间的充分沟通，通过深度挖掘品牌背后的理念，剖析消费者的真实需求，分析受众内心身处的心理机制，对营销活动进行策划，以最本土化的方案，直击消费者内心，不仅建立品牌与公众的物理联系，更是构筑了双方的情感联系。推动品牌在东道国实现真正的落地，实现双方共同的经济发展。

第二节　问题检视与审思

蓝色光标致力于为客户提供"结果导向"的专业服务，从媒体传播和现场活动的直接效果，到影响目标受众的认知、观点和态度，到最终促进企业品牌形象的提升和销售的增加，帮助客户一步一步地取得竞争优势和商品成功。对于蓝标来说，国际化发展不仅意味着业务版图的扩张、服务能力及实力的增强，更意味着挑战的增加。面对更加复杂多变的市场环境、文化差异以及政治氛围，蓝标需要不断地加强企业自身建设、完善管理，以便提供令目标客户认可的服务，将合作可持续地开展下去。蓝色光标在国际化发展中并非是完善的，其中也存在一些难题，这需要其在发展中不断发现自身问题，检视自身发展情况，从而为今后的国际化进程奠定基础。

一、需加强本体传播力度

蓝标的知名客户均为各自行业的领先公司，这些客户为蓝标在发展过程中积累了众多经典案例和经验。蓝标在同行业的营销传播服务中受到众多企业的欢迎，这些目标客户在蓝标客户销售额中占有很大的比例，是蓝标销售额的主要来源。但作为营销传播企业，也十分需要将自身加以宣传和推广，需要给自己制订传播方案，将自身的代理商品牌打响、做强，以便使更多的企业了解自身并选择自身成为营销传播代理商。我们称此类传播为本体传播。能够为客户提供什么样的服务内容是本体传播的前提，也是该企业能否在众多企业中脱颖而出的首要关键。如果服务专业且全面，就易于使企业获得甲方美誉。对于蓝色光标的品牌传播而言，需要整合服务内容，发挥自身的服务优势，为客户提供最精准的服务。以蓝色光标为中国企业出海提供的服务业务为例，可以看到其以"三步走战略"以及五种类型海外传播服务，为中国企业走出去提供服务和进行系列部署，为这些企业打造国际化品牌之路、在国际化舞台上施展拳脚做好辅助工作。

对于一家营销传播企业而言，能够为客户提供什么样的服务内容是本体传播的前提，也是该企业能否在众多企业中脱颖而出的首要关键。如果服务专业且全面，就易于使企业获得甲方美誉。对于蓝色光标的品牌传播而言，需要整合服务内容，发挥自身的服务优势，为客户提供最精准的服务。

本体传播的第二个关键在于自身知名度及形象的建构。营销传播代理公司多数时候都是给甲方的品牌塑造出谋划策，为客户制订方案，传播客户的品牌，但很少将自己置身前沿。蓝色光标作为营销传播专业服务机构，在服务客户、为客户树立和传播形象方面具有行业内领先的专业水准，但是，其对自身企业的知名度及形象塑造的重视程度还不够充分。例如，蓝色光标本体传播所依赖的渠道还较为单一，主要是通过参与公关领域内的权威 PR Week、广告领域的 AD 和 AGE 的年度活动、戛纳创意节等来推进自身在海外的传播。本体传播主要在专业领域内集中进行，形成的传播内容也主要是新闻报道、行业动态一类，限制了目标客户、潜在客户及广大受众对蓝标的认知及认可。在此类人群中，蓝色光标的品牌识别度并不高、传播力度不足，对于蓝色光标所表现出来的形象认识不清，缺乏有益的品牌联想。因此，针对目标客户、潜在客户所展开的本体传播仍然需要加强，首要的是丰富本体传播的渠道，借助多元化的媒体平台或热点事件发挥自身优势，与目标客户建立情感沟通和连接，强化自身的知名度，让更多的潜在目标群认识蓝色光标并逐渐赢得潜在客户的信赖，优化本体传播的效果。

本体传播的第三个关键因素在于完善的视觉识别系统。视觉识别系统在企业识别系统（即 Corporate Identity System，缩写为 CIS）的三大要素[①]中发挥着最直接、显在的作用。完善的视觉识别系统能够直接展示一个企业或品牌的整体形象，从而在公众心目中留下印象，就像一想到可乐脑中就会出现可口可乐或百事可乐，一想到相机就会联想到索尼、佳能，一想到手机就必然联想到华为或苹果。通常，想到这些品牌接下来就会想到其 slogan、标志物、标志色、包装等，可口可乐的红色线条、百事可乐的经典圆形蓝白红、咬掉一口的苹果等，这些视觉符号的力量会形成一条反射弧将之与品牌联系起来，从而产生恒久的效力。蓝色光标，其标志色即为蓝色，熟悉它的人想到蓝色光标的时候脑海中会浮现出具有立体感的艺术体 bluefocus 标识，但除此之外，属于蓝色光标的其他视觉识别元素还是比较欠缺的，存在识别系统不完善、识别系统内容不明确、精神内涵识别不具特色等问题，难以使人产生系统、完整、明晰的印象。此外，蓝色光标集团旗下包含诸多子公司，这些公司在不同的国家、地区有着各自专攻的领域，但他们大多与母公司的标识关联程度较低，更没有统一的视觉识别体系，这也使得蓝色光标集团在客户、公众、市场层面缺乏呼应性的整体形象。本书认为，蓝色光标集团首要做的是子公司建立与母公司相符的视觉传播元素，让更多的目标客户了解到蓝标在不同领域内的版图；其次是母公司需要构建出统一且具有蓝标特色的视觉识别符号体系，并进一步打造出全面、完整、一致的蓝标集团的视觉识别系统。在

---

① 分别是视觉识别、行为识别及理念识别。

此基础上，通过传播提升品牌影响力及全球传播的能力，挖掘潜在的合作伙伴、寻找更多的业务空间。

二、需赋能企业文化建设

企业文化是一个企业的灵魂。对外，企业文化彰显企业的形象，传递着企业的价值观；对内，企业文化使得员工和团队更加具有凝聚力。一个成功的企业，必然拥有一套适合自身情况的企业文化做支持，厚重的企业文化可以为企业增加无形的资产价值，是企业品牌资产的一部分。营销传播服务业属于人才、技术、知识密集型行业，对具有专业能力、创新能力、沟通能力的人才的需求尤其旺盛。优秀的人才不仅看中企业经济效益、未来发展空间，也十分需要良好的工作氛围、价值体现及归属感，这就要求营销传播企业能够形成一套适应自身发展，能够为优秀人才成长创造机会的先进的、具有凝聚力的企业文化。蓝色光标一直较为重视企业文化的建设，形成了自身明确的"专业立身、卓越执行"的核心经营理念，同时一贯秉持"员工是第一创造力"的人才战略，坚持将团队建设作为公司建设的核心内容，倡导员工对工作充满激情和积极进取的核心价值观。

目前，蓝色光标的企业文化建设仍有较大的提升空间。企业文化除了需要在企业内部营造良好氛围、规范，确立一整套合理的企业文化内部运行机制之外，还需要对外形成有利于企业形象塑造的企业文化传播系统，将蓝色光标的理念、行为及视觉识别进行全方位的传播，从而促进目标客户对蓝标的了解以及既有客户对蓝标的持久认可。本书认为蓝标可以在以下几方面加强自身的企业文化培育。

首先是对外形象层面，蓝标需要持续将自身对客户的责任与使命传递给客户以及社会。面对国内外不同的市场，蓝标传递企业文化需注重本土与国际相结合，传递统一而又适应当地环境的经营理念。

其次是行为约束层面，主要涉及内部统一形象的对外呈现，发扬积极进取和斗志昂扬的企业文化核心，良好的内部文化可以造就良好的对外展示窗口，必然有利于企业形象传播。适用的做法是面向员工，在全球办公室推行具有一致性的工作规范，诸如组织管理、人际沟通等方面，同时更需要重视对不同地区员工的人文关怀，如重视民族或宗教习俗、执行特别关怀机制，从而为各类人才提供令他们满意的工作氛围，以使员工更幸福为企业发展的重要目标，发挥凝聚人才的作用，使公司始终保持先进性，营造良好的公司氛围和文化氛围，让蓝色光标的企业文化根植于每个人心中，培养一支专业能力过硬、具有创新性和相互理解的精英团队。

再次是积极履行企业的社会责任。企业社会责任强调要在企业运营过程中关注对消费者、利益相关者、环境保护及其他各领域社会发展的责任与贡献。在当今全球市场，企业社会责任实践已经成为企业文化建设、形象传播的重要环节之一，它可以生动地反映出企业与当地社区的互动水平以及创造社会价值的能力。践行企业社会责任，不是简单地捐款捐物，企业应当利用自身优势与专长，将企业社会责任实践与自身品牌影响力结合起来，为所在地区民众与社区创造除经济效益之外的更多社会价值，并将其内化于企业长期发展战略。在公益事业上蓝色光标可以通过各种方式参与进去或者直接进行公益资助，提升企业形象，也可以通过员工志愿活动和公司志愿活动积极参与公益项目，使得公司内外具有一致的正面的社会态度，管理层起到带头作用，给企业做出标榜。

最后是建设多元、包容、平等的企业文化，这是企业在国际市场成长、发展的重要一环。蓝标的企业文化不仅要反映自身的基本"品性"，还需体现出自身在东道国市场的社会意义，如持续关注并积极参与促进性别平等、提升女性地位、防范打击职场性骚扰、促进社会多元化、保障当地社会弱势群体等。加入更多这些方面要素，有助于加强自身企业文化与当地市场各方的情感联系，提升当地市场对蓝色光标企业的积极认知。

三、需夯实知识产权资产

一直以来，无论是自身机体扩张还是专业领域拓展，蓝色光标都体现出了具有前瞻性的创新发展思维，重视企业知识资本建设中的人力、顾客及基础结构资产。[①] 但是，在知识资本建设中的知识产权资产[②] 方面，蓝色光标的重视与投入度还需要进一步提升，尤其是在当今数字时代营销传播的新技术、新模式、新形态的研发及创新层面。

在数字化、网络化、大数据、人工智能已然成为社会发展潮流的当下，在营销传播领域中，客户对于业务的需求也有着明显的拓展与延伸。互联网的飞速发展与普及渐渐改变了企业的运作方式，越来越多的企业注重利用互联网强化自身发展，网络营销传播日趋成熟。随着智能移动手机及多种可穿戴设备的普及，网络的基础资源配置得到了进一步的优化，互联网使用率大规模增长，互联网应用也朝多样化发展，各类网络新媒体呈现井喷式增长。在这种情形下，可以说"得互联网者得天下，哪家公司在数字领域取得领先，一定会占据市场主导地位"。

大数据以一种前所未有的方式，通过对海量数据进行分析，获得有巨大价值的产品和服务。在没有大数据技术时，我们只能依靠随机抽样获取小规模样本数据来推断估测整体情况；大数据时代使品牌管理、营销传播趋于科学化，可以让品牌管理实现实时的、全样本监测和反馈，实现对品牌的科学闭环管理，及时掌握各个节点上用户对品牌的态度，然后根据反馈结果调整品牌传播策略。

新科技、新技术的发展，使得各个企业不得不直面并实施适合自身企业发展的转型与升级。越来越多的企业使用智能平台和工具来管理生产、传播、销售及客服全流程，构建了基于大数据技术的营销平台，以实现海量数据的收集和分析，深刻洞察和理解用户需求。

作为企业的营销传播代理商，传统的专业服务已经不能很好地适应甲方日益更新、与时俱进的需求，需要面临一系列转型以提升和完善自身能够提

---

① 知识资本是指以人或其知识成果为载体的知识总量在工作岗位上一定期间内释放出来的现值，包括员工积累的知识和技能的应用，以及正在创造的知识及其成果等。企业的知识资本包括人力资产、顾客资产、知识产权资产和基础结构资产。

② 知识产权资产包括技能、商业秘密、商标、版权、专利和各种设计专利。

供给客户的服务。品牌传播不再仅仅依靠一个令人印象深刻的品牌名或者一个感人至深的好故事，同时需要在海量数据中提取出宝贵的洞察，接入先进的数据分析与机器学习模型，了解消费者行为与习惯，衡量品牌传播效果与表现，为产品设计和内容创意提供思路与反馈，在产品、服务、团队、战略等各方面为客户做出最优决策提供更多的支持。

蓝色光标是国内较早涉足并实施数字化战略的营销传播代理商机构，在2007年成立了互动营销部，2008年数字化营销团队已经拥有超过50余人；2008年以后，数字营销业务仍然保持着高速增长；2014年，蓝色光标正式对外发布大数据战略，宣称要成为一家"科技公司"；2017年，蓝标数字的收入约27亿元，在集团的主体业务收入中最高。蓝色光标在服务汽车、金融、快消品行业时，尤其注重网络营销，蓝标在海外的扩张中也并购了许多知名的数字营销公司，将传统的公关业务嫁接到新媒体上，为更多客户提供符合当下发展趋势的业务，通过数据挖掘、数据整合、数据产品、数据应用等技术，构建基于大数据的智能营销平台，实现以商业智能为核心的、端到端一站式整合营销服务，帮助客户实现数据价值。

蓝标在数字营销、智能传播方面不仅建立了自己的数字产品 BlueView 智能营销机构，而且自主研发了 BlueMP 移动营销产品，但这对于全球化的数字化营销集团来说还远远不够。相较于国际营销传播集团所研发的具有自主知识产权的数字化营销传播服务模型或工具而言，蓝色光标目前还显得较为薄弱。在市场复杂多变、竞争对手强劲的现实情况下，蓝标还需要不断关注企业外部环境，把握公司目前所处的位置，不断加强技术创新及专利申请，不断提升自身的业务能力，以自主知识产权形成业务链的开拓和延伸，以数字技术驱动营销变革，实现智能化营销的发展格局，借助大数据分析不断洞察市场动向和客户需求，使得自身的数字营销传播业务进一步转型升级。

营销智能化可以更好地打动消费者，与其产生良好的互动，并实现精准营销效果。如何深入地研发更多营销传播科技成果，搭建人工智能传播平台，是蓝标不得不思考的问题，若要在发展中保持持续的增长与行业领先，必须把营销智能化作为公司发展的核心战略之一。蓝色光标想成为具有全球化服务能力的科技营销公司,就必须关注科技创新,关注 AI 营销、一站式智能营销平台的开发与运营,为企业提供创意、数据、产品、资源、服务等智能营销链条,帮助客户打造智能营销传播形态,为企业品牌力的提升制订智慧营销方案。

在海外市场,尽管存在众多难以用简单语言描述的社会与文化差异,但大数据使客观、全面、细致地了解一个市场及其消费者成为可能。品牌传播、市场营销部门成为众多公司科技投入不断增大的部门。蓝标的国际业务板块不仅要开疆拓土,也同样需要重视数字营销传播,探索建立完善的数据采集和分析系统,帮助客户提升营销传播效率效果的专有的新技术和新工具,为海外的品牌传播和增长赋能。同样,蓝色光标在全球化进程中,须把营销智能化作为其发展战略之一,运用自身的数据、产品、创意和能力连接中国品牌和海外市场,这是中国品牌在海外创造价值的一项重要意义。

可以说,适应数字传播与国际传播双重环境下的节奏、特点,切实把握住全球不同消费者的关切脉搏,既要有从点到面的覆盖,也要有点对点的针对性传播。蓝色光标要从经营产品向经营顾客转变,必须基于大数据和社交网络和算法,这就需要一系列的能力,就是工具、技术,就是数字化及智能化。无论是本土发展还是进军国际市场,蓝色光标都需要进一步强化数字营销传播的研发投入,尤其是要加强具有专有知识产权的产品或工具的开发。蓝色光标可以通过以下三方面来优化自身在数字技术领域的产品及服务:一是变现有的与知名大数据平台合作的方式为拥有自己的技术平台以支撑自主获取数据的方式;二是加强引入具有优良研发及创新能力的数字技术及传播科技领域的人才,强化公司的人才优势,增强专业能力,提升蓝标的品牌价值;三是以科技创意为本,形成智能营销资源的全面整合,打造一条完整的创意营销服务链,满足客户在追求独特创意及品牌增值方面的需求,实现公司的战略发展。

四、需优化国际市场格局

在进军国际市场方面，蓝色光标探索出了"双重国际化"发展之路。[①] 一方面，通过投资和并购在海外设立子公司，先后投资并购了 Financial PR、Metta、Vision7、We Are Social、Blab、Fuse Project、Huntsworth 等多家海外公司，实现自身国际化。蓝色光标和海外子公司属于跨国公司的内部国际化，这一格局使得两个地区市场的客户得以共享，减少了企业主客户了解东道国市场社会文化、风俗习惯、法律法规的时间成本与运营成本。另一方面，帮助国内客户"走出去"，开拓国际市场，开展国际化运营，减少企业在跨国发展时的沟通障碍。伴随着不断提升和完善自身的服务领域与专业实力，蓝色光标已发展成我国本土营销传播行业最著名的品牌企业之一，同时也是少数在海外取得巨大成就的本土营销传播公司。

蓝色光标的"双重国际化"运作不断吸纳全球营销传播业最优秀的资产和领先的经验，促使自身在海外拥有了多个营销传播代理商的子品牌，在美国、英国、法国、意大利、澳大利亚、加拿大、阿联酋、日本、西班牙等多个发达国家的成熟市场拥有业务布局，为欧洲、北美等众多全球品牌和中国出海品牌提供国际化的营销传播服务，服务于 1000 多家国内外领先客户。蓝标在国际化方面投入大量的资金，形成了一定的国际市场格局，国际化战略在很大程度上获得了成功并基于协同战略得以持续推进。近些年来，蓝色光标更加重视其国际业务，最大限度地开发与整合全球优秀资源，从而持续为全球客户和合作伙伴创造价值。可以预见，其境外业务的收入会持续增长，成为拉动蓝色光标集团收入的重要引擎，国际业务的比例将达到 50% 以上。

越来越多的发展中国家受到跨国企业主、中国出海品牌的关注，他们开始着眼于进入南美、东欧、中亚、南亚、南非等新兴市场，意味着更多元的市场需求和更广泛的市场机遇，其中不乏蓝色光标的既有客户及目标客户。

---

① 张景云，田悦戎，陈永涛. 蓝色光标的"双重国际化"[J]. 企业管理，2019（1）：78.

如何能够更好地服务拟进军新兴市场国家的客户，对于当下的蓝标来说是现实需要。战略性地提早进入新兴市场、加强市场布局、建立营销传播网点，先期介入潜力市场，与当地政府、利益相关者及潜在客户形成初步沟通，使对方对蓝标产生积极的良好认知，有助于树立蓝色光标的品牌优势，给自身在当地的成长创造充足的可能性，进而为蓝色光标与国内外大品牌的长远及深度合作奠定坚实的基础，帮助这些出海企业成功进入东道国市场，并基于当地的社会文化、风俗习惯以及法律法规，助力更多的客户在这些新兴市场实行本土化策略。

当前，蓝色光标在国际市场的布局方面还具有很大的局限性。蓝色光标的全球化业务网络以欧洲、北美和东南亚等国家为主，在新兴市场国家还鲜少布局，对于新兴市场的关注度及介入度还并不充分，甚至可以说是较为欠缺。蓝色光标对国际市场的布局欠均衡不利于集团后续业务的持久开展。正是因为上述因素，蓝色光标确立在新兴市场尽早布局是非常有必要且迫切的。那么，哪些新兴市场需要蓝色光标着重布局？

"一带一路"沿线新兴市场国家人口规模大、年龄结构优、发展起点低，呈现出巨大的市场空间和消费格局，具有广阔的市场潜力，不仅能够促进我国的经济增长，还可以实现全球化的再平衡，拓宽企业之间的新型合作，减少企业出海的障碍。

除了"一带一路"沿线国家及地区以外，南美洲也是蓝色光标需要重点考量的区域。南美洲位于西半球、南半球，东临大西洋，西临太平洋，北临加勒比海，其北部和北美洲以巴拿马运河为界，南部和南极洲隔德雷克海峡相望。南美洲最大的国家是巴西，此外阿根廷、哥伦比亚、智利都是重要成员。此处以巴西为例，分析蓝色光标在南美洲开拓布局的重要性。

巴西人口数量为 2.14 亿，是南美地区重要的新兴市场，众多中国企业已在巴西市场深耕多年。就品牌传播而言，电视、广播依然是不可忽视的营销传播媒介。电视在巴西的普及率极高，付费电视广告在巴西占有很高的比例；虽然电视广泛取代了广播作为日常娱乐的手段，但是在农村地区广播节目的收听率仍然很高。家庭较为富裕、文化水平较高、商业经营及政府部门人员则多为报纸的忠实阅读者，日报报刊在全国各地均有较高阅读，电子报纸同时具有很高的销量。巴西的互联网用户数量约为 1.39 亿人，活跃社交用户 1.3 亿，独立手机用户 1.63 亿，基于较为庞大的互联网用户群体，电子商务正在巴西全面扩张，电子商务市场领先拉丁美洲其他国家，也正因如此，在线广告在巴西的发展水平较高，Facebook 在巴西市场的数字化营销中占主导地位，智能手机的普及也推动了互联网零售业的发展。中国品牌能否在巴西消费者中树立良好的形象，使其感受到中国企业与品牌的存在对巴西经济社会发展带来积极影响，是摆在中国企业、品牌面前的一个挑战，也是摆在像蓝色光标这样的营销传播代理机构面前的重大挑战。

　　蓝色光标也意识到自身发展的痛点与增长点，在巴西这个南美最大的国家部署了自己的"营地"——2018 年 3 月 6 日，蓝色光标和拉美地区领先公关传播代理商 24×7 Comunicação 建立战略合作伙伴关系。该公司总部位于巴西圣保罗，帮助蓝色光标服务协调墨西哥、阿根廷、智利、哥伦比亚和哥斯达黎加地区的跨境营销、知识共享以及品牌传播业务扩展等。双方的合作，与中国和巴西政府间商贸投资的迅速增长、产品和服务需求增加、两国经济商业联系更加密切分不开，蓝标国际与 24×7 Comunicação 合作，将给中国企业带来更加专业和适合的策略，对于蓝色光标完善自身的国际化布局也有所助力。

　　综上，新兴市场国家经济发展虽然相比于西方发达国家落后，但这些地区人口众多、地域辽阔、市场准入门槛较低，受众对品牌的接受度相对较高，这些因素对于出海企业、跨国企业自然有很大吸引力。营销传播代理机构的国际化发展是企业、品牌与国际市场接轨，进入国际市场的重要支撑，是不可替代的一部分，以 WPP、宏盟、阳狮为代表的跨国营销传播代理机构在市场中掌握很大的话语权就足以说明此类机构的重要性。

　　专业的营销传播代理服务专业性强、地域性市场准入壁垒高，因而许多企业倾向于选择本土代理机构。因而，蓝色光标以投资或并购当地的专业代理机构进入新兴市场，这样不仅可以迅速进入当地市场，更便于后续开展营销传播服务及开发新客户。对于蓝色光标而言，完善在这些区域的布局对于自身更加深度地进军国际、拥抱全球化，具有战略意义。

第六章　中国营销传播企业国际化创新发展愿景

　　我国作为世界第二大经济体，若要进一步扩大国际影响力，需更加重视提升国家软实力。传媒及营销传播产业同旅游、教育、文化等消费性服务业，其合理及快速发展是扩大国际影响力、展示国家形象、提高国家软实力的重要方式。当前，我国在这些领域的国际化程度还不充分，国际形象、国际影响力和竞争力需要进一步提升。

　　20 世纪 80 年代始，世界传媒及营销传播产业出现资本重组的高潮，目的是扩大企业规模、提升产业竞争力。随着自身在国内市场实力的增加，我国的传媒及营销传播产业逐步开始参与国际分工，以推进中国传媒及营销传播产业的国际化进程，加快自身发展、提高国际竞争力。[①]

　　对于中国营销传播业界及学界的人们而言，蓝色光标的国际化发展之路是振奋人心的——面对众多跨国营销传播集团参与中国广告市场争夺时，蓝色光标作为中国本土传媒集团参与国际化竞争实属挑战。蓝色光标顺利国际化的背后是企业扎实、严谨且颇有远见的市场布局，展示出中国营销传播企业在不具备先发优势，也不具备明显核心竞争力的情境下，依然能够在国际市场崭露头角，能够在以发达国家为主的东道国市场稳扎稳打，形成知名度

---

　　① 严三九. 世界传媒产业兼并重组及其启示 [J]. 广州大学学报（社会科学版），2002（11）：72-77.

不断提升、客户不断增加的可喜局面,为中国本土的其他营销传播企业打了好样、开了好局,积累了经验。同类型企业在走出国门、走向国际市场之时,可以以蓝色光标的国际化启示及自身特色为前提,尝试进一步探索创新的国际化发展之路。

第一节　优化"出海"路径

瑞典乌普萨拉大学的学者 Johnson、Vahlne 等人在 20 世纪 70 年代提出渐进式的企业国际化方式,也被称为"乌普萨拉模型"。企业在经营发展过程中往往是分步骤地进行市场扩张,依据文化、经济、政治的差异程度以及地理位置的远近程度等所形成的"心理距离"指标,从邻近的国家开始,逐渐依次扩散至最远或差异最大的国家。企业惯用的渐进式国际化路径有不规律地出口商品、稳定地出口商品代理、在东道国设立子公司以及通过投资、兼并、整合等手段在东道国以合资或者独资的方式开展经营、获取市场份额等。渐进式国际化是相对理性、风险更易于把控的企业国际化发展方式,因而成为企业在很长一段时间内所青睐的"出海"选择,而对其进行描述的"乌普萨拉模型"也赢得学界理论上的广泛认可。20 世纪 90 年代以来,越来越多的中小企业在成立之初就将国际市场看作必要市场,其创始人、管理者多在企业成立时即具备海外生活或工作背景以及国际化市场经验、知识,了解全球最新市场机会,善于通过最新科技来开发新市场,保持既有网络关系资源以辅助加速自身的国际化。这些中小企业的国际化过程与渐进式国际化较不相同,被学界称为"天生国际化企业",它们所采用的模式被称为"天生国际化模式"。[①] 通常,天生国际化企业国际化发展路径较短,不会经历长时间的准备阶段,选择海外目标市场时与心理距离无显著相关性,选择采用代理商路径或合资治理路径,以便能最大限度利用外部资源快速进入国际市

---

① Knight G A, Cavusgil S T. The born global firm: A challenge to traditional internationalization theory[J]. Advance in International marketing, 1996(8):11-26.

场并获得竞争优势。[①]

中国营销传播企业中，既有如广东省广、蓝色光标等大中型企业，还包括众多中小型营销传播机构。走出国门、参与国际市场竞争不仅是前者发展的题中之义，也是诸多后者的成长、扩展目标。尤其是在当今中国经济及综合国力不断攀升的时代背景下，"出海"寻求更广阔的市场是很多营销传播企业的梦想。

由国际分工的微笑曲线可见，营销及品牌传播服务行业处于产业价值链的下游，处于价值链上游的是研发及知识产权行业，制造业处于价值链的中游位置。价值链的上游与下游的附加价值相对处于高点，中段的制造业附加价值则整体较低。而我国目前依然以中段附加价值较低的制造业输出为主，因而经济效益及重要程度都较为有限。中国营销传播企业属于营销及品牌传播服务行业之列，加大自身的国际化，不仅意味着可以在国际市场上获得相对较高的附加价值，更意味着其进入并逐步赢得国际市场的行为本身就能够为提升我国在国际分工中的地位做出自己的努力与贡献。

那么，什么样的国际化模式、路径是当下中国营销传播企业的最佳选择？结合蓝色光标的国际化之路，本书认为，探索创新的国际化路径是中国营销传播企业的必由之路，其目的不仅要"走出去"，更要"走进去"并"走上去"，即与当地市场、海外客户形成有效合作并树立起营销传播企业自身的品牌形象与竞争优势。这样的国际化，才是真正实现了与目标市场实际对接、有效契合并充分满足甲方需求的国际化。

国际化的第一步是目标市场的选择。目标市场选择妥当与否将影响企业国际化战略的成功与否。目标市场是指企业的产品、服务和其他资源跨国转移所必需的一个交易场所，一般是一个国家或地区。[②]心理距离是公认的需要企业在开展国际化之初进行目标市场选择时着重研判的重要指标。心理

---

① 胡左浩等. 中国品牌国际化营销前沿研究 [M] 北京：清华大学出版社，2013：54-55.

② 刘德金. 中国传媒集团国际化目标市场选择模型研究——基于文化差异实证与DMP方法的分析 [J]. 中国软科学，2011（1）：163-173.

距离的概念由 Beckerman 在 1956 年首次提出，后由 Johanson 和 Paul 在研究中形成明确解释，是指"阻碍公司与市场之间信息流通的因素"，并认为心理距离受语言差异、教育水平、文化背景、宗教信仰、政治体系、工业发展水平等差异性因素影响。营销传播企业具有自身行业的特殊性，尽可能与自身所服务的客户的国际化路径保持一致，不仅能够顺利"出海"，更能够在海外市场继续为客户提供专业服务。因此，中国营销传播企业选择目标市场时，既需要考虑心理距离指标，也需要重视客户的国际化路线。以下几类情况较为常见。一是营销传播企业的既有客户都还没有进军国际市场。此时，营销传播企业应将自身与目标市场的心理距离作为考量的最主要方面，并尽量选择与自身心理距离较小、相似性较高、进入障碍较小、市场吸引力较大的目标市场，通过多种方式在目标市场开拓新客户。二是营销传播企业的既有客户已进入的国际市场与自身的心理距离较小，是对企业较为有利的选择目标，企业可直接进入该目标市场，在为原有客户开展服务、充分了解当地市场的同时，取得独立经营的资格并进一步在当地开拓新客户。三是营销传播企业的客户已进入国际市场，但是东道国与营销传播企业的心理距离较大，企业应先以客户代理商的身份为客户在东道国进行相关服务，进而考察如何缩短与东道国的心理距离，并研判进入该市场的可能性、成本、风险指数及应对措施等，为最终的决策做好充分的基础支撑。

除了心理距离之外，地理距离也是需要营销传播企业考量的因素。相对较近的地理距离会降低由于雇员跨国流动、物资运送、信息采集等所形成的有关成本，从而带来价格优势。营销传播企业虽然是受地理距离影响较小的行业，但依然存在本土员工外调、东道国当地员工必要的跨国公务所带来的有形成本及管理难度增加等无形成本方面的问题，因此需要加以顾及。

与其他企业一样，营销传播企业进一步的国际化也需要实现"走进去"以及"走上去"，与东道国市场真正对接，适应东道国市场的经济、政治、媒介及文化等方面的环境，从而被东道国市场所认可并为客户提供更加接地气的服务。在海外市场，蓝色光标以本地化思维作为敲门砖，即每到一个国家，均依靠当地专业人士，以当地习俗和方式来沟通。^① 这点不仅体现在蓝色光标为客户服务方面，也同样体现在蓝色光标自身的国际化路径上。

对于中国营销传播企业而言，除了遵循企业国际化的共通路径之外，还需要加深自身的"国际化"程度，实现深度"国际化"。深度国际化不是抛弃企业自身原有的特质，而是要在东道国当地树立深入人心的中国营销传播企业形象，不断提升自身在当地的认知度、影响力，打造中国营销传播企业的国际化品牌，为加强中国软实力发挥营销传播机构的作用。"走出去""走进去"以及"走上去"的实现尤其离不开自身核心业务的有效完成。也就是说，营销传播企业需要做好充分的客户服务，服务好中国"出海"企业、进行海外传播的政府机构以及其他在东道国有传播需求的各类中国社会组织。尤其需要提到的是，针对中国企业与海外市场间所存在的因差异而导致的传播障碍，需要营销传播企业有能力整合优质海外资源，协助企业进行品牌中枢管理，突破海内外沟通壁垒，对接海外运营框架、规划及创意内核，形成目标市场互动平台，传播内容规划和产出，在主流媒体发声，扩大行业影响。对于中国政府机构或事业团体的对外传播活动，营销传播企业同样能够也应当担当起传播大任，搭好客户与东道国官方及民间的互动交流平台，助力中国政府机构实现相关对外传播目标，助力中国良好国家形象在海外民众中的建立与强化。

此外，进行国际化扩张的营销传播企业需要吸引、打动东道国当地客户及在东道国市场的其他海外客户并赢得他们的信任。营销传播企业的双重身份、双重目标都需要在帮助客户国际化的同时，不断地发展自己，不断走向新的国际化高度。

---

① 张景云．蓝色光标的"双重国际化"[J]．企业管理，2019（1）：78-82．

第二节　强化"和而不同"思维

中华文化崇尚和谐，中国"和"文化源远流长，蕴涵着天人合一的宇宙观、协和万邦的国际观、和而不同的社会观、人心和善的道德观。[①]"和而不同"思想既是中国传统文化的重要内容，也具有马克思主义哲学的内在意蕴。"和而不同"思想的精华要义是和谐。和谐的内涵广泛，包括个体与他人、个体与社会、人类与自然等多个方面。诚信、尊重、包容、务实则是个体与他人、与社会和谐共处的基本主旨。"和而不同"是分工合作、各尽其能、协调利益、化解矛盾，共生共赢。

中国传统文化中关于"和而不同"的思想精华对于中国营销传播企业的国际化发展具有启发意义，有助于中国营销传播企业理性处理自身与东道国市场相关主体之间的关系。中国营销传播企业应树立"同中求异"的企业特色理念和"异中求同"的对外传播理念，在实现与东道国市场相关主体的和谐合作时，树立与传递自身作为中国企业的使命、价值观与社会责任，进而在东道国市场产生积极的反响与认同。也即是说，中国营销传播企业在国际化进程中，应在保持自身特色与独立性的基础上，强化与东道国市场相关主体之间的和谐关系。

首先，建立与东道国市场客户、消费者之间的互信与友谊。中国企业开展营销活动时，十分重视与客户、顾客之间的关系是否友好融洽，如果企业相关人员与目标客户的关系是正向紧密的，那么生意、营销更易于成功，反之则不被看好。西方及海外多数区域的企业进行营销的前提则更关注是否能够盈利以及是否合乎法律，双方的人际关系是否有益于营销的实现并不会成为企业考量的重要因素。当中国企业进入海外市场时，就面临如何协调自身

---

① 习近平. 在中国国际友好大会暨中国人民对外友好协会成立60周年纪念活动上的讲话. 人民日报，2014-5-16.

与东道国市场在处理客户关系方面的差异这一问题。本书认为，合理运用"和而不同"的中国传统文化理念，将有利于中国企业对海外市场的开拓。具体而言，在进入海外新市场、新环境时，中国企业可以寻找自身与目标客户之间的共通之处。共同点有助于顺利且快速拉近与客户之间的心理距离，有助于企业站在目标客户的需求、疑虑等角度想其所想。只有这样，中国企业才能够赢得目标客户、消费者对自身的信任与好感，为后续建立友好融洽的合作关系打下坚实的基础。

其次，与海外市场竞争者和平共处。对于中国营销传播企业而言，"和而不同"理念也适用于处理与自身具有竞争关系的东道国当地营销传播企业以及同样来自海外市场的跨国营销传播企业。面对竞争对手，需明确的立场是不搞恶性竞争。将对手的竞争看作企业前进的动力，双方以合理合法的方式展开相互追赶，进而相互助力、共同成长。此外，企业应培养自身主动向对手学习的习惯。在海外市场，中国营销传播企业必然会遭遇难以预见的困难、障碍以及因此而产生的不适应，中国企业一时的薄弱、短板，或许为竞争对手所擅长。本着取经的态度，正视自身不足的同时，坦然学习对方所长，是另一明智之举。在海外市场的中国营销传播企业，需甄别竞争对手，择其优者而近之。从长久发展看，这样的做法无论对于整个产业而言，还是对于优化自身而言，都是具有积极意义的。蓝色光标在海外市场的子公司，多为东道国当地从业多年的知名营销传播公司，之所以能够最终被蓝色光标收入麾下，其重要原因在于蓝色光标总是本着学习、互利的态度，与对方形成友好关系，进而推出助其规模化、国际化发展的意向，以推进彼此共同进步，将竞争关系转化为合作关系。

最后，为合作者提供互利共赢的机会和条件。企业与合作方虽有合作基础，但彼此有各自的战略及利益诉求，因而依然需要"和而不同"的理念来指导企业在海外市场寻求合作者并形成稳定持久的合作关系。对于营销传播企业而言，合作者通常包括媒体、部分需要外包的服务供应商、第三方咨询公司等。无论合作方规模如何、实力如何，企业都应本着平等互利的原则，实现价值共创及利益共享。

第三节　涵化共同体理念

涵化一词是美国民族学研究者鲍威尔于1880年首先提出。20世纪初，在人类学及其他社会科学著作中，常与传播、同化、借鉴及文化接触等概念交替使用。1936年，美国著名人类学家M.J.赫斯科维茨在他和R.雷德菲尔德、R.林顿合著的《涵化研究备忘录》中对涵化下了定义：涵化指的是由个体所组成的而具有不同文化的民族间发生持续的直接接触，从而导致一方或双方原有文化形式发生变迁的现象。学者W.A.哈维兰在其《人类学》一书中指出："涵化有许多可变因素，包括文化差别程度；接触的环境、强度、频率以及友好程度；接触的代理人的相对地位；何者处于服从地位，流动的性质是双方相互的还是单方面的。"本书中使用"涵化"一词的目的是试图描述营销传播企业在东道国市场上以具有母国特征、意蕴的理念、行动，与利益相关者一道，共同进行价值创造、价值传递，并逐渐使对方对自身产生接纳、认同甚至默契的动态过程。

中国的"出海"企业秉承人类命运共同体理念，一边积极开拓海外市场，一边在东道国通过社会责任实践来践行我国政府所倡议的人类命运共同体理念。进行国际市场布局的中国营销传播企业在这方面有着明显优势，营销传播企业往往具有较为充分的传播资源、传播经验以及本地客户、利益相关者，因而在直接或间接的互动与交流中，更便于将具有母国特征且同时易于被东道国所理解的相关理念或行动加以扩散，从而在东道国社会及目标人群间形成较为广泛的认知。

在东道国当地积极践行社会责任，成为优秀的"企业公民"，往往是国际化企业生存和发展的内在需求和目标。中国营销传播企业作为中国出海企业、品牌的乙方，应担负起从舆论发起到全面营销传播的作用，通过为甲方策划、实施一系列能够产生关注度与影响力的事件，助力中国企业负责任形象的树立、助力东道国目标人群对中国企业产生情感共鸣、理解与信任。具体而言，中国营销传播企业应充分发挥所具备的先天优势，积极策划营销传播事件与活动，来推动甲方在海外市场、东道国主动履行企业社会责任，以雇用当地员工、注重环境保护、投身公益事业等实际行动，将中国企业的命运与东道国市场利益相关者的命运紧密联系在一起，使东道国市场感受到"共同体"理念带来的福祉，进而推进中国企业与当地利益相关者形成可持续发展的基础。

另一方面，跨国营销传播企业本身也是所在地的企业公民，同样应当谋求权利与责任的统一，在充分利用当地市场、资源等优质条件时，应该履行社会责任。因而，中国营销传播企业应重视自身在东道国政府、客户、媒体、相关服务供应商等利益相关者以及东道国非政府组织、非营利组织中展开具有较高关注度的积极作为，从而不断强化东道国相关社会组织对自身的了解与接受，通过积极参与东道国相关事务来塑造与传播自身的良好形象。蓝色光标旗下"蓝公益"项目，即是积极通过公益资助、员工志愿者活动等多种方式支持和参与东道国市场的教育、环保、NGO 支持等公益项目。蓝色光标通过自身的社会责任实践，以专业能力向多家公益组织提供了持续性的咨询志愿服务，不仅让温情长行，也使得蓝色光标在越来越多的相关者心目中成为具有良知与责任感的中国营销传播企业。随着出海营销规模的逐渐增长，蓝色光标持续加大自身在出海营销传播领域的全方位投入，以自身努力促动自身与甲方、甲方与东道国之间"共同体"的形成与加固。

期待越来越多的中国营销传播企业能够如蓝标一样，深度参与全球市场上的竞争合作，走好自身的国际化发展之路，形成独特的竞争优势和持久的发展动能。

参考文献

［1］胡百精．中国公共关系史[M]．北京：中国传媒大学出版社，2014.

［2］崔保国，徐立军，丁迈．中国传媒产业发展报告[M]．北京：社会科学文献出版社，2020.

［3］王辉耀，苗绿．大潮澎湃：中国企业出海40年[M]．北京：中国社会科学出版社，2018.

［4］谌飞龙．中国企业品牌国际化路径研究：跨国并购视角[M]．北京：企业管理出版社，2019.

［5］段淳林．整合品牌传播：从IMC到IBC理论建构[M]．北京：人民出版社，2020.

［6］张景云．中国品牌全球化：理论建构与案例研究[M]．北京：经济管理出版社，2019.

［7］张景云，田悦戎，陈永涛．蓝色光标的"双重国际化"[J]．企业管理，2019.

［8］姚瑶，毛宇辉．蓝标十年 攀登巅峰[J]．国际公关，2010.

［9］刘晓玲．蓝色光标：专业立身 卓越执行[J]．国际公关，2008.

［10］李玲玉．传媒企业跨国并购分析——以蓝色光标并购Huntsworth

为例[J]. 现代经济信息，2018.

[11] 郭巧莉. 蓝色光标并购案例分析[J]. 现代经济信息，2016.

[12] 靳羽洁. 中国本土广告公司的资本化运作研究——以蓝色光标为例[J]. 广告大观（理论版），2015.

[13] 郑隆玫. 我国营销传播企业并购动因及绩效研究——以蓝色光标为例[D]. 山东财经大学，2016.

[14] 唐超，胡海粟. 蓝色光标的资本运作——专访蓝色光标首席数字官熊剑[J]. 中国广告，2015.

[15] 郭惠民. 中国公共关系市场的"跨国本土化"[J]. 国际公关，2011.

[16] 康义. 国际化之痛——中国公关公司下十年猜想[J]. 中国经营报，2005.

[17] 红乐，冷东萍. 公关公司国际化 人才先行[J]. 国际公关，2014.

[18] 张顺. 试论政治环境的内涵与意义[J]. 长白学刊，2001.

[19] 金立印. 基于品牌个性及品牌认同的品牌资产驱动模型研究[J]. 北京工商大学学报（社会科学版），2006.

[20] 黎宏达，刘文. 客户关系管理在营销管理中的作用探析[J]. 现代营销，2018.

[21] 余益帆. 市场营销中客户关系管理的有效策略[J]. 经营管理，2019.

[22] 王成慧，叶生洪. 顾客价值理论的发展分析及对实践的启示[J]. 价值链，2002.

[23] 卢黎歌，隋牧蓉. 经济全球化的升级与应对：基于人类命运共同体视角[J]. 北京工业大学学报（社会科学版），2019.

[24] 余晓钟，冯杉. 4P、4C、4R营销理论比较分析[J]. 生产力研究，2002.

〔25〕刘凤军，王镠莹．略论企业社会责任与品牌影响力[J]．市场营销导刊，2007．

〔26〕李彦龙．企业社会责任的基本内涵、理论基础和责任边界[J]．学术交流，2011．

〔27〕陶威．企业社会责任与中国跨国企业的品牌战略[J]．理论研究，2007．

〔28〕彭鹏．浅谈跨国企业如何在所在国践行企业社会责任[J]．聚焦，2017．

〔29〕舒怀．从"百度迁徙"看位置服务与大数据融合[J]．技术进展，2014．

〔30〕蒋小荣，汪胜兰．中国地级以上城市人口流动网络研究——基于百度迁徙大数据的分析[J]．中国人口科学，2017．

〔31〕黄力．中国传统进出口贸易现状分析与发展措施建议[J]．经贸论坛，2014．

〔32〕陈祝平．论跨国营销的特点[J]．国际商务研究，1999．

〔33〕马宗国．论中国企业跨国营销中的文化差异及解决模式[J]．工会论坛，2007．

〔34〕蔡建军．商业品牌与消费者之间共情洞察——评《认同感：用故事包装事实的艺术》[J]．江西社会科学，2017．

〔35〕秦恬恬．传媒环境变迁下我国上市广告公司发展模式探究[D]．长沙：湖南师范大学，2017．

〔36〕李名亮．广告公司经营模式转型研究[D]．上海：上海大学，2014．

〔37〕蒋荣．蓝色光标海外战略并购的战略意图和经济后果研究[D]．浙江工商大学，2017．

后　记

第一次知道"蓝色光标"这个名字，是在十年前。那时候，我刚开始接手学院《公共关系学》课程的本科教学工作。在备课过程中，"蓝色光标"随着我所进行的案例检索跃入眼帘。印象中，当资料显示蓝标是诞生于中国本土的、以提供公共关系专业服务为主营业务的，并且是中国最早上市的公共关系公司时，我对这家公司的好奇心与关注度即刻被调动了。此后，随着发展战略的升级及业务版图的拓展，蓝标开始走出国门，为国内外客户提供全方位专业服务，不断成为中国本土行业内的领头羊。我对蓝标的偏好也随着蓝标的国际化而不断增强——在我看来，蓝标跻身于国际市场，不仅是在努力做大做强自身，更是代表中国营销传播类企业展现此类企业的成长性与专业能力。因此，我有了全面了解蓝色光标的想法，因而有了今天这本以蓝标为主要观照对象、以中国营销传播企业国际化为思考旨归的梳理性文本。

蓝色光标作为一家上市企业，公开的信息资料是丰富而详尽的。但是，从营销传播学术研究的层面来看，公开资料难以满足所需。因而，在准备资料及正式写作的过程中，我多次联系与叨扰了蓝色光标数字营销传播机构副总裁陈阳、蓝色光标集团前员工倪娟娟、蓝色光标国际业务部殷唯等工作人员，他们为我提供了许多专业的指导与无私的帮助。在此，我向热情的蓝标人致以最诚挚的感谢！成书的前期阶段，有 7 位学生积极参与了资料的准备及初稿的撰写，他们是广告专业的本科生赵海清、杨甜甜、任宣维，以及国际广告公关方向的硕士生魏祺航、程睿思、胡青、李晓琼；在后期完善阶段，硕士生韦艺璠、李颢天、王卓丹及鲍睿晨参与了部分工作；在此一并感谢。

由于本人研究能力有限，面对庞大驳杂的数据资料，在选用及解读它们的过程中还存在诸多缺憾与不足，也可能存在错误与不严谨之处，务请阅读此书的朋友们谅解、海涵！

在即将为此书画上句号的时候，内心泛起涟漪——让我们一起热切期待越来越多的中国营销传播企业能够走出国门，积极参与国际市场竞争，为更多国内外客户提供来自中国的营销传播专业服务并赢得国际市场广泛认可！